KB089228

50부터 시작하는
공부의 즐거움

Copyright ⓒ 2022, 박지영
이 책은 한국경제신문*i*가 발행한 것으로
본사의 허락 없이 이 책의 일부 또는 전체를 복사하거나 무단 전재하는 행위를 금합니다.

50부터
시작하는
공부의
즐거움

박지영 지음

한국경제신문 *i*

우리는 왜 만학도가 되어야 할까요?

우리는 '12년의 의무교육 기간' 동안 정말 많이 배우고 공부합니다. 누구나 꼭 필요에 의해 하는 공부보다는 '해야 한다'라는 이유로 긴 시간을 보냈다고 해도 과언이 아닐 것입니다. '진짜 공부'는 불혹이 넘어서부터라고 생각합니다. 멋모르고 '해야 하니까' 어른들이 '하라고 하니까' 하는 공부가 아닌, 스스로 깨닫고 시작하는 공부가 재미있어지는 시기가 50대이기도 합니다.

우리는 이제 인생의 절반을 살았습니다. 100세 시대니까요. 자신이 하고자 하는 분야를 집중적으로 파고들기 쉬운 나이입니다. 대부분 자녀도 성장했기에 특별히 신경 쓸 일이 없기도 합니다. 필자가 강조하고 싶은 '배움'은 전문적으로 해야 하는 공부가 아닙니다. 어떤 것이든 그동안 하고 싶었는데 못했던 분야가 하나쯤은 있을 것입

니다. 더 늦기 전에 다시 스무 살의 마음으로 돌아가서 50대에도 열
정적으로 배우고 알아가는 재미를 느껴봤으면 하는 마음으로 집필
했습니다.

필자는 조금 더 나이가 들어서 자서전을 한 권 써볼까 했었는데
우연한 기회로 자기계발서 같은 에세이를 쓰게 되었습니다. 초등학
생도 술술 읽을 수 있는 글이 되었으면 하는 바람이 앞서 최대한 내
려놓고 단순하고 가볍게 표현했습니다.

독자분들이 읽어보시고 '이런 사람이 썼으면 나도 쓴다!'라는 생각
이 드셨다면 성공한 책이라고 여기겠습니다. 저는 그걸 노렸으니까요.

"목표가 있으면 열정적으로 시작할 수 있지 않을까요?"

첫 페이지부터 단숨에 읽고 덮을 수 있는 책이었으면 합니다. 누구
에게나 한 번뿐인 인생인데 후회 없는 인생을 살아내셨으면 좋겠습
니다. 당신의 앞날을 응원하고 축복합니다.

어느 화창한 봄날의 비요일
박지영

PART 2
50대의 공부가
100세 인생의 성공을 좌우한다

PART 5

이제 오롯이 나를 위해 살아라

PART 1

50대,
공부에 미쳐라

인생은 배움의 연속이다

내가 평생을 바친 것이 무너지는 것을 보고도
낡은 연장을 집어 들고 다시 세우려는 의지가 있다면
비로소 너는 어른이 된 것이다.
– 키플링

　사람은 세상에 태어나면서부터 인생이 시작된다. 엄마 뱃속에서
태어나자마자 우렁차거나 칭얼거리는 울음을 토해낸다. 세상에 자신
의 존재를 알리기 시작한 직후부터 배움은 시작된다. 태어나자마자
엄마 젖을 먹거나 분유를 먹고 신생아 배냇짓을 하며 세상에 적극적
인 신호를 보낸다. 엄마의 얼굴을 빤히 보며 울거나 웃으며 얼굴에
오만가지 표정을 담는다. 그런 아이가 너무도 사랑스러워서 물고 빠
는 부모가 대부분이다.

　하지만 세상에는 좋은 부모, 나쁜 부모, 형편이 좋은 부모, 형편이
어려운 부모 등 다양한 형태의 부모가 존재한다. 아이는 부모를 선

택할 수 없다. 형편이 어렵거나 나쁜 부모 밑에서 자라더라도 올바른 인성으로 성장해나가는 아이도 있다. 반면, 키울 상황이 안 된다는 이유로 부모이기를 거부하는 이들도 적지 않다. 죄 없이 버려진 아이의 인생은 누가 책임져야 할까?

다 가진 환경에서 성장하는 아이들도 있다. 특히, '엄마 친구 아이'는 공부도 잘하고 착하기까지 한 모범생이다. 사람들은 이러한 엄마 친구의 아들이나 딸을 '엄친아'라고 부른다. 이 '엄친아'라는 말은 어디서 생겨난 걸까? 아마도 교육 맘들 사이나 아이들의 시기 질투에서 시작된 것으로 생각한다.

"내 친구 영희는 공부도 잘하고 집도 잘 살아요", "은경이는 이쁜데 공부도 잘해요", "엄마, 저는 왜 이렇게 못생겼어요?", "성형수술 시켜주세요", "예뻐지려면 치아 교정을 해야 한다는데요", "다이어트 하려면 밥 먹으면 안 된대요", "저 오늘 굶을래요", "저 새끼는 자기가 잘났다고 무시해요".

아이들은 성장하는 과정에서 여러 유형의 친구들을 만난다. 내 아이들의 친구들만 봐도 주관이 뚜렷한 친구, 활동성이 좋은 친구, 잘 삐치는 친구, 침묵을 고집하는 친구, 해맑게 잘 웃는 친구, 옷 잘 입는 친구, 꾸미는 것을 좋아하는 친구, 발랄한 친구 등. 내 아이들이 다양한 친구들과 인생의 희로애락을 배우며 평범하고 안전하게 잘 자라줘서 고맙다.

여자들의 '치맛바람'이 한창 문제가 되던 시기가 있었다. 신생아부터 맡기고 일하는 워킹맘들이 대부분이었던 놀이방은 비교적 덜했다. 그런데 유치원부터 중학교 때까지 그 치맛바람은 참 무섭도록 현실감 있게 와닿았다.

부모라면 모두 내 아이가 잘났고 최고이지 않은가. 내 아이가 귀한 보물이면 남의 자식도 귀한 보물이다. 아이들이 친구들과 다투기라도 하면, 무조건 내 아이는 잘못이 없다거나 내 아이의 잘못인데도 다른 집 아이를 탓하기도 한다. 이때부터 치맛바람을 강풍, 중풍, 약풍으로 날린다. 시기와 질투를 시작으로 심하게는 이간질을 당하기도 한다. 부잣집 아이와 가난한 집 아이가 눈에 띄게 갈리기도 한다. 그러나 아이들은 친구와 성격 잘 맞고, 어울리며 흥미가 생기거나 재미있는 친구면, 크게 개의치 않는다.

문제는 치맛바람이다. 주로 치맛바람이 거세지는 시기는 학기 초의 반장 선거철이다. 급우들에게 추천을 받았거나 우등생 중에 반장 후보로 선발된 아이들은 교실 앞쪽으로 모인다. 선발된 아이들은 차례대로 3분여의 짧은 시간 동안, 저마다 자신 있게 자신을 주장하는 발표를 최선을 다해 웅변하듯 외친다. 자기소개하는 아이를 바라보는 반 아이들은 호기심이 가득한 생기있는 표정으로 함께 피식거리며 경청한다. 그리고 반 아이들은 반장 선거에서 학급 반장과 임원이 될 친구들을 제비뽑기로 선출한다.

임원으로 선발된 아이의 엄마들은 슬슬 바빠지기 시작한다. 요즘은 옛날보다 치맛바람이 덜하거나 자녀에게 전적으로 맡기고 학교에는 아예 신경을 안 쓰기도 한다. 그래도 전업주부라면 학교 미화나 배식에 신경을 쓸 것이다. 학교에 각종 봉사를 하면 담임선생님과 한 번이라도 대화하게 더 된다. 지역마다 조금은 다를 수도 있다. 요즘은 코로나로 비대면 시국이라 눈에 띄게 많이 없어진 것 같기는 하다.

나이를 먹을수록, 시간이 지날수록 옛 기억을 떠올리며 추억을 먹고 살게 된다. 나는 1970년대에 태어났고, 1980년대를 지나 1990년대에 성인이 되어 현재 50대를 살고 있다. 내가 초등학생일 때, 남자아이들은 땅따먹기와 말뚝박기, 딱지치기를 좋아했다. 여자아이들은 소꿉놀이를 좋아했는데, 특히 인형놀이와 공기놀이와 고무줄을 삼삼오오 모여서 거의 매일 했다. 세상의 모든 곳이 우리의 놀이터 같았다. 마치 오늘이 마지막인 것처럼 미친 듯이 놀았다.

그날의 우리는 정말 순수하고, 귀엽고, 사랑스러웠다. 짓궂은 남자아이들은 맨날 고무줄을 커터칼로 끊고 도망쳤다. 그런 남자아이를 끝까지 쫓아가 꼭 알밤으로 복수하는 다소 중성적인 여자아이도 있었다. 딱지치기를 하던 남자아이들 가운데 딱지를 딴 아이는 아무렇게나 바닥에 주저앉아 박장대소를 했다. 딱지를 잃은 아이는 엉엉

울거나 두 손으로 친구의 몸을 밀며 종종 다투기도 했다. 그리고 길바닥에 모여 돌이나 나뭇가지로 어렵게 칸을 다 쳤는데, 흙 묻은 낡은 운동화로 슥슥 닦아버리고 도망 다니던 남자아이도 제법 있었다. 이 녀석들을 구경하며 재밌다고 깔깔대는 친구들도 있었다.

　나는 남동생만 둘 있는 외동딸이다. 내가 태어나기 훨씬 이전부터 아빠와 엄마가 가게를 하셨다. 아주 꼬맹이였던 시절은 잘 기억이 나지 않지만, 미취학 아동이었을 때는 아빠가 가게에서 여러 가지 일을 하셨던 기억이 난다. 각종 전단 제작부터 도장 파기, 인쇄 활자 찾기, 사진기, 금은방 등. 그러고 보니 아빠의 손재주를 내가 닮았나 보다.
　나는 엄마의 심부름을 곧잘 다니곤 했었다. 두부와 콩나물을 사 오라는 심부름은 기본이었다. 또, 저녁밥을 먹을 때까지 밖에서 노느라 집에 들어오지 않는 남동생들을 종종 찾으러 다녔다. 오락실까지 쫓아가서 남동생들을 붙잡아오기도 했다.
　그렇게 동생들을 찾으러 다니다가 내가 유일하게 할 줄 아는 오락인 테트리스를 하던 날도 있었다. 그러다 한두 번 외삼촌에게 목덜미를 잡혀 끌려가는 삼 남매의 모습도 연출했었다. 그래서인지 나는 지금도 육아맘 때 제법 재미있게 했었던 인터넷 '맞고' 말고는 게임에는 관심이 없다. 나는 몇 해 전 대국민 게임이었던 애니팡도 전혀 하지 않았다. 억척스러운 소녀는 아니었다. 선머슴 같지도 않았다. 공주풍 드레스를 좋아하는 여자아이들처럼 야리야리한 스타일도 아니었다. 내 즐겁고도 아련한 유년의 추억 조각이다.

여러분도 유년 시절의 추억 조각으로 어린 날의 당신과 마주해보자.

나이 들수록 가치 있는 사람이 되자

다른 사람들을 정복하는 사람은 강한 자다.
자기 자신을 정복하는 사람은 위대한 자다.
- 노자

옛날에는 배움에 있어 분명 나이가 존재했다. 로봇처럼 배워야 하는, 어떤 규칙적인 순서 같았다. 누구나 똑같이 정규교육과정을 마치는 것이 당연한 거였다. 그러나 요즘은 100세 시대가 아닌가. 계속 쉼 없이 배워야 살아남는다. 배움에 있어 가장 중요한 것은, 우리가 내딛는 한 걸음의 변화가 일상에서 큰 변화로 발전할 수 있는지를 깨달아야 한다.

매월 한 가지씩 무언가를 배우면, 자연히 할 줄 아는 것이 늘어나기 마련이다. 그렇게 하다 보면, 어쩌면 기적처럼 인생이 바뀔 수도 있다. 매일 조금씩이라도 배운다는 마음을 가지면 내 마음도 행복해진다. 지금부터 나는 천천히, 더 늦기 전에 느리더라도 하나씩 배우는 마음으로 노력해보려고 한다.

요즘은 나잇값을 못하는 사람이 생각보다 많다. 자기애가 강한 것인지, 이기심인 것인지, 자기 자신 위주로 생각하기 바쁘다. 환경이 사람을 만든다. 남녀불문하고 나이와 맞지 않는 옷차림을 하거나 메이크업이 센 경우도 꽤 있다. 스스로 자신이 동안임을 자랑하듯 SNS에서 부지런히 자신을 홍보하는 시대기도 하다. 인터넷을 보고 있으면 애써 검색하지 않아도 매력적인 인플루언서가 참 많이 등장한다. 나도 조금은 그런 것 같다. 어쩌면 관종인지도 모르겠다.

나도 이제는 나 자신을 확연하게 드러내는 연습을 해보려고 한다. 나는 나이가 많고 평범하다. 이제는 어느 누가 봐도 날씬하거나 예쁘지도 않다. 하지만 나도 내 나이보다는 나름 괜찮게 보이고 싶다. 나는 지금 자기계발서 형식의 에세이를 쓰고 있다. 중년이라고 해서 연륜을 앞세우고 싶지는 않다. 머리 아프게 느껴지는 책이 아니라 초등학생들도 후루룩 읽을 수 있는 책을 쓰고 싶었다. 누가 읽더라도 다소 유치한 듯해도 마냥 가볍지만은 않은 책이기를 바라는 마음이다.

요즘은 나 살기 급급하다는 이유로 상대에 대한 배려심 또한 확연하게 줄어든 현실이다. 험하고 어려운 현실에서 살아내려면, 어쩌면 나 자신도 그럴 수밖에 없을 것 같다. 보살펴야 하는 가족이 있으면 더더욱 그렇게 되기 쉬울 것이다. 나도 '나 살아내기'라는 과제를 준다면, 십분 그러고도 남을 것이다.

나의 이기심과 교만을 표출해내고 싶은 상대는 항상 만만한 가족이다. 그 대상이 나와는 전혀 상관없는 사람일 수도 있겠다. 그런데 내 불만을 묵묵히 받아주려고 애쓰는 사람은 가족뿐이라는 감사한 진실이 있다.

인생은 부메랑과도 같다. 뿌린 대로 거둔다. 나의 이기심이 언젠가는 나를 향해 되돌아온다. 내 교만의 대상이 사랑하는 가족이나 친구라면 크게 못 느낄 수도 있다. 그러나 그 부메랑이 나 자신일 때는 더욱 큰 상처를 남기게 된다.

화를 잘 참지 못하는 사람들이 있다. 나이 들수록 더 차분해지고 고급스럽게 여유로움을 풍기는 사람이 있지만, 상대의 마음은 안중에도 없이 아무렇지도 않게 막말을 내뱉는 사람도 있다. 막말을 일삼는 사람을 보면 자기애가 강하다. 자신을 너무 사랑하기 때문에 상대의 감정은 안중에도 없는 것이다. 한마디로 자신밖에 모른다. 그러므로 화가 나면 우선 상대에 대한 어떤 요구 때문인지, 그리고 그 요구가 정당한 것인지 재빠르게 파악하고 깨달아야 한다. 화는 결국 자신이 선택하는 것이다.

특히, 남자는 쉽게 형님이나 동생, 친구가 된다. 사회에서의 한두 살 차이는 어렵지 않게 친구를 먹는다. 남녀불문하고 중년의 나이일수록, 주민등록상의 나이가 태어난 해의 진짜 나이가 아닌 사람들도 제법 보게 된다. 사람들은 나이로 행복해하기도 하고, 나이로 불리해져서 괴로움을 느끼기도 한다. 사회에서의 한두 살 차이는 은근히 지장이 있다. 여러모로 예민해질 수밖에 없는 듯하다. 사회생활에서 빠른 1, 2월생이 참 애매하다. 학창 시절에 초등학교를 몇 살에 들어갔는지는 상관없다.

사회에서는 분명 동갑인데 한 학년 일찍 등교했다는 이유로 언니가 된다. 그러면 동갑인 입장에서는 억울하다. 언니가 되는 입장은 그 친구를 이해해줘야 하는데, 학년이 다르다는 이유로 언니 대접을 받고 싶은 마음이 앞서서 시기와 질투를 포함한 이간질이 시작되기도 한다. 마음이 여린 유리멘탈이 적지 않다. 나만 항상 약하고 힘들다. 세상에는 무조건 나쁘거나 무조건 선한 사람은 없다. 나는 '빠른'에 속하지 않은 가을 생이라서 어떻게 보면 다행이다.

50대는 죽음에 관해 깊이 생각해보기도 하는 세대다. 어떻게 보면 하루하루 건강하게, 그저 열심히 살아가는 것이 최고의 방법이라고 여겨질 수도 있는 나이다. 나이를 먹었다고 그냥 주어지는 일만 하면서 밥만 먹고 살아가면 안 된다고 생각한다. 부끄럽지만, 나는 다소 철없던 어린 시절에는 중년의 나이가 가장 한심해 보였다. 그냥 자신들의 가족들만 챙기기에 급급한 아저씨와 아줌마로만 보였었다. 내가 지금 그 어렸을 때 나이의 시각에서 보면, 정말 밥만 축내고 있는 아줌마가 아닌지 생각해보게 되었다. 그래서 나는 하루하루 조금씩이라도 달라지기로 했다. 떠나는 데는 순서가 없다고 했던가. 이제는 정말 언제 어떻게 죽어도 이상하게 보이지 않을 나이인 것도 사실이다. 건강상의 이유로 세상을 등지는 이들도 적지 않은 나이다.

나이 들수록 자신의 가치를 높이는 가장 최고의 방법은 독서가 아닐까 생각한다. 독서는 자신을 성장시키고, 지적 능력을 키워주며, 자존감을 상승시킬 수 있다. 되도록 다양한 분야의 책을 많이 접하는 것이 좋다.

편식 독서만 고집했던 나였지만, 이제는 시력이 허락될 때까지 다독을 하려고 한다. 지식은 쌓이면 쌓일수록 자신의 가치가 높아져 가는 것을 깨달았기 때문이다. 누구와 대화하더라도 어떤 주제더라도 막힘없이 술술, 끝도 없이 이야기가 쏟아져 나오는 지식인이 되고 싶다. 지식은 채우면 채울수록, 어느 분야에 관해 알면 알수록, 세상은 참 배워야 할 것이 많다.

책을 읽다 보면, 너무 어려워서 도저히 진도가 나가지 않을 때가 있다. 이때는 교차 독서를 추천하고 싶다. 나는 특히 뇌 관련된 책을 읽을 때 머리에 스팀이 날 지경이다. 그래도 꾸역꾸역 읽는 재미가 있다. 교차 독서는 보던 책이 읽기가 싫어지면, 다른 책을 몇 권 옆에 쌓아두고 읽다가 읽던 책을 덮어두고 다른 책을 읽는 방법이다. 그렇게 읽다 보면, 독서가 어렵지 않다. 다른 분야의 책을 번갈아서 읽으면, 머리 식히기에도 도움이 된다. 그러다 보면, 애써 노력하지 않아도 자연스레 책을 읽는 삶으로 바뀌게 될 것이다.

나는 무언가 배우는 상상만 해도 즐겁다. 나이는 숫자에 불과하다고 하지 않나. 우리는 이제 겨우, 인생의 절반을 살아냈을 뿐이다. 나는 100세 시대에서 남은 절반의 인생은 어떻게 살아내는 것이 가장 현명하고 지혜로울지 고민하고 있다. 인생의 절반을 달려왔으니 한 번쯤은 진지하게 생각해볼 필요가 있다.

도전하는 삶이 아름답다

매일 아침 일과를 계획하고 그 계획을 실행하는 사람은,
극도로 바쁜 미로 같은 삶 속에서 그를 안내할 한 올의 실을 지닌 것이다.
그러나 계획이 서 있지 않고 단순히 우발적으로 시간을 사용하게 된다면,
곧 무질서가 삶을 지배할 것이다.

– 빅터 위고

나의 20대는 평범하면서도 정신없이 생활했던 시기다. 한동안 6개월 연속, 단 하루도 쉼 없이 일했던 시절이 있었다. 직장생활을 열심히 하던 시기에 친구들도 만나면서 하나씩 세상을 배웠다. 1990년대지만, 비교적 이른 나이에 '제2의 인생'을 시작했기 때문에 사람들과 이렇다 할 추억거리는 많지 않다. 그리고 주로 아르바이트를 하거나 학원 일만 했다. 게다가 새벽 시간부터 집안 대소사를 챙겨야 했다.

일복이 많은 사람은 일복이 있어서 좋은 것인지, 개고생하는 것인지는 모르겠다. 아무리 힘들고 바빠도 그냥 밝게 웃고 있으면, '세상 편하게 사는, 팔자 좋은 사람'으로 보는 사람들이 대부분이다. 내가 겪어낸

삶에서 세상에서 가장 힘든 것이 육아였다면, 세상에서 가장 어려운 것은 인간관계가 아닐까 생각한다.

'여자의 적은 여자'라고 했던가. 나는 금전적인 거래는 아예 하지 않아서 누군가에게 돈을 빌려 쓴다거나 빌려주지 않는다. 감사하고 다행스럽게도 지금껏 가족들이나 친인척 관계에서도 돈 문제는 전혀 없었다. 그러나 사회에서는 신의 문제로 은근히 배신 아닌 배신을 자주 겪었다.

단체 생활을 하다 보면, 흔하게 발생하는 일들이다. 나는 중고등학교 때 '왕따'를 겪어보지는 않았지만, 지금 돌이켜보면 '은따'는 있었다. 항상 내 옆에 한두 명의 친구는 있었다. 한 아이의 말만 들은 오랜 친구에게서 오해의 느낌과 눈빛을 받은 적이 있다. 그때는 충격 그 자체였다. '여태껏 나를 대체 어떻게 봐왔던 걸까?' 싶었다.

세상 모든 인간관계에서의 싸늘한 첫 번째의 느낌은, 상대방의 눈빛에서 읽게 된다. 그 눈빛에서 분위기를 감지한다. 기분 더러운 두 번째의 느낌은, 나를 못 믿는다는 증거다. 세상 무너지는 기분까지는 아니었지만, 아무 이유 없이 쉬이 발생하는 이간질이 어처구니없었다.

'느낌'으로 보이는 상대방의 마음은 보호할 가치가 없었다. 나는 그렇게 소꿉친구부터 하나둘씩 정리했다. 마음고생 심하게 하고 한참의 시간이 흘러 그 친구들이 나를 다시 찾기 시작했다. 나는 전부 다 받아주지 않았다. 울고불고하면서도 자존심은 지키려고 하는 모습이 가식적으로 보이기도 했다. 여러 번 겪다 보니 멘탈이 흔들리는 나 자신이 싫었다. 고민 끝에 난 그렇게 마음속에 빗장을 걸고, 외톨이가 아닌 외톨이를 선택했다.

살아보니 가끔 외롭기는 해도 혼자가 훨씬 편하고 좋았다. 그리고 어느 순간부터 사람을 믿을 수가 없게 됐다. 누군가 마음을 열고 친근하게 다가와도 의심부터 하게 되었다. 불필요한 사람 숱하게 겪는 시간보다, 오롯이 나만을 위해 쓰는 시간의 소중함을 알게 되었다.

누구에게나 돈은 있다가도 없고, 없다가도 있다. 꿈이 아닌 돈을 쫓으면, 결국 돈으로 망하고 돈에게 쫓긴다. 나는 수중에 돈이 없으면 단돈 1,000원이라도 아낄 각오는 되어있다. 2003년에 방영한 <행복주식회사>라는 예능 프로그램에 '만원의 행복'이라는 코너가 있었다. 일주일 동안 단돈 1만 원으로 생활하는 프로그램이었는데, 절약 습관이라는 취지가 신선했다. 방송에서 7일 동안에 만 원만 써야 해서 다소 웃으며 투덜투덜하던 출연자도 있었다. 하지만 출연자 대부분은 그 '만 원'의 도전에서 소소한 즐거움과 깊은 의미를 배웠다. 단돈 만 원을 나 혼자서 쓴다고 치면, 그 당시에는 그렇게만 썼어도 나름 괜찮았을 것 같다.

이제는 작은 것에서 보람을 느끼고 소중함을 느끼게 되는 나이가 됐다. 남들이 볼 때 내가 "왜 저렇게 살까?" 해도, 내 마음이 행복하고 편하면, 그것으로도 괜찮다. 나는 사치를 하지 않는다. 하지만 생활에서 갖춰 놓고 써야 하는 것에 결핍은 없어야 한다. 나이 들수록 조금이라도 환경이 불편해지는 것은 싫어진다.

내 경우에는 '갖춰 놓고 써야 하는 것' 가운데 명품은 없어도 된다. 현재 내가 가진 명품은 반지갑뿐이다. 일부러 안 산다. 막상 들고 갈 곳도 없지만, 나이를 먹을수록 그냥 세상 편하게 다니는 것이 좋다. 그렇다고 아무렇게나 막 다니지는 않는다. 어쩌면 내 생활의 지혜일 수도 있다. 앞으로 서울에서 어떤 삶을 살아나가게 될지는 모르겠다. 그러나 크게 바뀌거나 달라지지는 않을 것 같다. 비교적 안정적인 삶을 추구하는 나로서는 달라지는 것은 사치다. 환경이 사람을 만든다. 앞으로 하게 될 직업에 따라, 가방 한 개 정도는 살 수도 있겠다. 사람의 습관이란 것은 익숙해서 참 좋으면서도 무서운 것이다.

전에는 별 관심이 없었던 재래시장에 요즘 부쩍 관심이 생기기 시작했다. 그저 문앞까지 정확하게 배달해주고 시간 활용이 편하다는 이유로 각종 인터넷쇼핑몰에서 대부분 먹거리를 사들였다. 지금도 대부분 스마트폰으로 주문한다. 생활에 있어 필요해서 주문하는 거지만, 지겹다는 생각이 들 정도로 주문했다. 집에서 편하게 받는 것은 좋은데, 박스를 열고 분리수거하기가 귀찮게 느껴질 때가 많다.

고향 우리 집은 도보 3분 거리에 시장이 있다. 시장 옆을 지나치면서 가끔 들를 때 외에는 일부러 찾아가지는 않았다. 지금 사는 곳도 지하철역 근처에 떡볶이 맛집으로 유명한 시장도 있다. 며칠 전 휴일에 떡볶이를 포장하려고 일찍 가봤는데, 일요일이라서 그런지 시장이 한산했다. 떡볶이 맛집도 문이 잠겨있어서 아쉬웠다. 그래서 돌아오는 길에 근처 과일가게에서 귤과 단감을 한 줄 사서 먹게 되었다. 과일이 저렴한 것은 좋았는데 신선하지가 않았다. 귤의 양이 상당해서 주인집 어른들께 나눠 드렸다. 친인척이나 가족 외에는 제법 사람들을 가려왔던 내 생활에 조금씩 변화가 생겼다. 낯가림이 있는 것은 아니지만, 새로운 환경에서의 인간관계도 내게는 도전이다.

나는 그동안 이것저것 하면서 그저 막연하게 늘그막에는 자서전 한 권을 써볼까 했었다. 그런데 우연한 계기로 아직 계획에 없던 일이 한꺼번에 몰아쳤다. 나는 지금 서울에서 에세이 같은 자기계발서를 쓰고 있다. 거의 한 달 사이에 개인적으로 적지 않은 변화가 생겼다.

나는 한 달 전까지 새벽 시간이면, 고향 우리 집에서 늘어지게 자고 있거나 새벽밥 준비에 여념이 없었다. 그런데 지금은 출간을 목표로 서울에서 대학 신입생과 함께 살면서 작정하고 원고를 쓰고 있다. 이런 갑작스러운 변화는 무언가 두렵기도 하고, 설레면서도 정말 감사한 일이다.

50대, 지금부터는
제대로 공부할 수 있는 나이

일단 시작하라! 일단 도전이 시작되면 부정적인 것보다 긍정적인 것이 더 많아진다.
일을 시작하면 잠잠하던 뇌 회로에 흐름이 일면서 가벼운 흥분이 온다.
이것은 대뇌의 본성이다. 뭔가 이뤄질 것 같은 가벼운 기대감, 흥분 등을
뇌가 좋아하기 때문이다. 그러면 뇌의 연동으로 인해 생각지도 못한 일이
고구마 줄기처럼 떠올라일이 되는 방향으로 진행된다.

– 이시형

세계보건기구 WHO는 2022년 말에는 코로나19가 종식될 것이라는 긍정적인 견해를 밝혔다. 코로나가 장기화되면서 사람들은 너나 할 것 없이 힘든 시간들을 보내고 있다. 성실하게 한우물만 파던 경력 넘치는 중년들도 자의 반 타의 반으로 실직을 당하고 있다. 자기계발을 강조하며 집이나 조용한 카페를 찾아 자신의 성장을 위한 공부를 하는 젊은 청춘들도 부쩍 늘었다.

가족을 위해 뭐라도 해보자는 결심으로 중년들의 자영업이 우후 죽순 늘었다. 하지만 얼마 못 가 폐업하는 사람들도 생기기 시작했다. 그들은 상사와 부딪치고 동료와 트러블이 생기더라도 월급쟁이

가 훨씬 마음 편하다. 중년이라도 어디서든 불러 주기만 한다면, 내내 서서 일하는 시간제 아르바이트라도 있다면, 어디든 달려갈 태세다. 나도 지금은 코로나를 핑계로 백수 같은 전업주부로 살아가고 있다.

내 아이들은 나이의 앞자리가 1에서 2로 바뀌었다. 그래도 여전히 손이 많이 간다. 겨우 껍딱지를 벗어났을 뿐이다. 어떤 요리를 하든 아이들은 "엄마가 해줘야 맛있다, 엄마가 챙겨줘야지"라고 알랑거린다. 몸만 성장했지 아직은 철부지 어린아이 같다.

나는 예전에 워킹맘으로 아이를 뒤로하고 학원에서 학부모들을 상대로 상담하는 일을 했다. 올해 스물세 살인 큰아이를 1년 내내 놀이방에 맡기면서 키웠다. 둘째 아이가 생기기 전까지 속셈학원, 입시학원, 외국어학원에서 계속 일했다.

결혼 전에 잠시 식품회사에서 경리 일을 하면서 깨달은 것이 많다. 문득, 공부는 평생 해야 한다는 마음이 생기기 시작했다. 세상이 많이 변했다는 요즘에도 여전한 학벌 지상주의지만, 상대적으로 대졸자보다 고졸자가 많았던 그 시대에는 더 심했다. 학력 콤플렉스로 유명인들의 학력 위조가 조금씩 드러나던 시기였다. 개인의 콤플렉스가 자존심으로 이어진 시기였다. 지기 싫어하는 심리적인 압박감에 학력과 경력을 뻥튀기하는 사람들도 꽤 있었다.

나는 전산 정보처리를 공부했고, 스무 살 때부터 1분에 500타의 타이핑 실력을 자랑했다. 말투도 조곤조곤하고 차분했다. 덕분에 줄곧 상담 데스크에서 일했다. 가끔 시험 기간이 되면, 원장님의 지시로 주말에 중학생 시험감독도 하고 시험 채점도 했다. 초등학생 기출문제를 모아서 오리고 풀칠해서 복사하고 시험대비용 시험지를 만들기도 했다. 그렇게 일하면서 '역시 사람은 계속 배워야 한다'는 마음이 강하게 일었다.

환경이 사람을 만든다고 했던가. 나의 결혼생활은 집안일로 인한 체력소모전과 고요함의 연속이었다. 아이들이 어릴 때는 우당탕탕 정신없을 때도 잦았지만, 남매가 성인이 된 지금은 집이 절간처럼 조용하다. 각자 바쁘다는 이유와 가족이라는 울타리에 익숙해지다 보니 점점 말수가 줄어들기 시작했다. 몇 년 전부터 자연스레 각자의 시간을 존중하게 되었다.

비교적 여유로워진 나만의 시간이 어느 순간부터는 하릴없이 낭비되는 것이 싫었다. 나는 남들보다 뒤늦게 SNS를 하면서 인스타그램을 시작했다. 슬슬 다시 일자리를 알아볼까 하던 시점에 우연히 드라마 <미스터 션샤인>에 꽂히면서 연습 삼아 나만의 글쓰기를 시작했다. 응원하던 배우들의 대사를 한 문장씩 드라마 토크 방에 쓰기 시작했다.

그리고 인스타그램에서 책 서평을 시작하면서 다독을 하고 가끔 필사하기도 했다. 손에 펜이 쥐어지니 자연스레 공부가 하고 싶어졌다. 독서를 하면서 집에서 할 수 있는 공부를 찾다가 오래전에 취득한 요리 자격증이 눈에 들어왔다. 하지만 그것 외에 자기계발을 통한 성장이 절실했다.

나는 지난해에 서울디지털대학교에 입학해 온라인 강의를 들었다. 자꾸 잊어버리기 쉬운 나이임에도 기록을 남기는 자기계발 챌린지를 했다. 챌린지를 하면서 영단어와 영문장을 외우기도 했다. 기억이 휘발되기 쉬운 문법 세대기도 하다. 내 영어 실력은 겨우 B+와 B나 C+와 C 학점을 유지하는 '영알못'이다. 그나마 D가 없어서 다행이다. 고작 생활영어 수준이라서 지식이 필요한 영어 문장은 해석이 어려울 때도 있다. 어학은 뼈대부터 탄탄해야 무너지지 않는다.

이런 실력임에도 100세 시대를 주장하고자 한다. 내 인생의 첫 번째가 평범함을 앞세운 막 만드는 요리였다면, 내 인생의 두 번째는 작가로 거듭나는 인생이다. 인생 2막을 작가로 살고 싶다면, 간절함만으로는 안 될 것 같았다. 그래서 전공을 문예창작학과로 바꾸려고 영어학과를 포기했다. 문예창작학과 커리큘럼이 괜찮았고, 학생들의 수상 경력 및 대학원 진학률이 좋았다. 게다가 관련 자격증도 나이 제한 없이 평생 써먹을 수 있다. 내가 문예창작학과로 전과한 이유는 '영알못' 때문이 아니라 하고자 하는 분야를 집중적으로 파야 한다는 판단 때문이었다.

50대는 인생의 절반을 살아낸 세대다. 그리고 대부분 가정이라는 울타리를 통해 내면이 책임감으로 많이 다져지고 강해진 나이다. 살아오면서 죽을 고비를 수없이 넘긴 사람들도 있겠고, 수많은 중년이 크고 작은 상처들을 이겨냈을 것이다. 암 환자임에도 남겨질 가족들을 위해 힘겹게 살아가고 있는 사람들도 꽤 있다. 나도 어느새 쉰이라는 나이에 접어들고 있다. 머지않아 나이의 앞자리가 4에서 5로 바뀌는 것이 두렵기도 하다. 하지만 그 어떤 상황에서도 배움의 끈은 절대 놓지 않으려고 한다.

나는 감사하게도 암 가족력은 없어서 비교적 양호한 건강 상태를 유지하고 있다. 주기적인 건강 검진이 필요하고, 각종 암 예방을 위한 식이요법과 다이어트가 필요한 나이인 것은 맞다. 그래서 몸에 필요한 영양제도 잘 챙겨 먹는다. 하지만 점점 앉아 있는 시간이 늘다 보니 나잇살을 앞세운 '확찐자'가 되었다.

배움에도 체력이 좋아야 하고, 그래야 하고 싶은 공부를 꾸준히 할 수 있다. 뭐니 뭐니 해도 건강이 최우선이다. 내가 건강해야 가족이 건강하다. 그리고 내가 웃어야 가족이 웃는다. 그래서 무엇보다 집안에서 중년의 역할이 중요하다. 캘리포니아 출생 영화배우 알레

그라 켄트는 "우리가 가진 것이라곤 우리가 마음대로 '움직일' 수 있게 해주는 몸과 근육뿐이다"라고 말했다.

두려워하면 지는 거다

우연은 항상 강력하다.
낚싯바늘을 항상 던져둬라.
전혀 기대하지 않은 곳에 물고기가 있을 것이다.
- 오비디우스

당신은 이제 막 50대가 되었거나 50대의 중후반인 삶이다. 당신의 꿈을 포기하고 살아가고 있는 것은 아닌지 한 번쯤 인생을 돌아볼 필요가 있다. 우리는 지금까지 대부분 가족을 위해서 살아왔다. 한 집안의 가장도, 한 가정의 주부도, 비혼주의나 돌싱도 각자 주어진 삶의 몫이 있을 것이다. 그 '몫'을 해내는 것 외에, 나 자신의 꿈은 없었는지.

사람들은 대부분 변화를 원하지만 바꿀 수 없다고 여긴다. 각자 오래 유지해왔던 삶의 방식이 있다. 그리고 무엇보다 늘 제자리걸음이면서도 평온하고 안정적인 삶을 원한다. 나도 마찬가지로 변화가 쉽지 않은 것도 사실이다. 50대부터는 오롯이 나의 삶이라기보다는 가장의 책임, 가정주부의 책임 등 항상 책임이 앞서는 나이라서 더욱 그럴 것이다.

  50대가 되면 본격적으로 건강을 챙겨야 하는 시기다. 나도 몸에 좋은 것만 가려서 챙겨 먹고 싶은데 쉽지 않다. 몸에 안 좋은 성분들이 축적되면, 더 나이 들어서 고생하게 될지도 모른다. 그래도 입에 맛있는 것이 좋다. 나는 달콤한 것을 지양하지만, 다크초콜릿은 좋아한다. 맛있는 것은 설탕이 많이 들어간 식품인데, 입에 덜 달다고 아무렇지도 않게 먹고 있는 나 자신을 발견하게 된다.

  '가짜 식욕'이 아닌 '진짜 식욕'을 분별할 수 있어야 한다. 입에 맛있는 음식을 골라서 먹으며 각종 성인병을 걱정하고, 성인병을 치료하기 위해 돈을 쓰면서 병원에 다니고, 약으로 살게 되는 악순환이 되는 것은 아닌지 염려스럽다.

  앞으로 다시 긴장하고 음식을 조심하면서 소식하면, 자연스럽게 '확찐자'에서 '보통'으로는 살게 되지 않을까 생각한다. 하지만 갈수록 체력이 달리니 제대로 된 운동도 꾸준히 하기가 힘든 시기인 것도 사실이다.

  비교적 생활 환경이 안정적으로 들어서는 나이가 50대부터다. 각종 먹거리가 풍성한 세상에서 살고 있지만, 이제는 아무거나 막 먹으면 안 되는 나이다. 특히, 몸에 안 좋은 식품은 조금은 덜 찾거나 덜 먹게 되는 것 같다. 건강을 위해서라도 여러 가지 시도를 해야 한다.

'그때 그 과자'처럼 추억을 소환할 수 있는 달콤하고 맛난 과자는, 그냥 배부르게 먹으면 된다고 생각하는 사람들이 많았던 중년이다. 불과 몇 년 전만 하더라도, 과자 한 봉지를 찢으면 그 자리에서 다 먹어 치우곤 했다. 지금은 남매가 먹을 때 옆에서 한두 개 맛보는 정도로만 만족하고 있다. 신기하게 10년에 한 번씩은 조금씩 입맛이 바뀌는 것 같다. 지금의 내 입맛은, 과자보다는 밥이 좋다. 지금은 중년도 젊은 층에 속한다.

세상에는 맛있는 것이 너무 많다. 탄수화물 중독이다. 중년들도 맛있는 것이 좋고, 대부분의 어르신도 입에 달달해야 맛있다고 하신다. 한마디로 '아기 입맛'을 선호하시는 분들이 많다. 입버릇처럼 "우리가 살면, 얼마나 더 살겠냐"라고도 하신다.

우리 부모님은 담백하고 고소함이 입안에서 맴도는 깊은 맛을 좋아하신다. 나는 부모님의 영향인지, 아니면 지레 겁먹고 나 스스로 거의 아무 시도도 못 한 이유 때문인지, 정말 많은 부분을 조심하고, 또 조심하며 살아왔다. 성장기가 '가스라이팅'은 아니지만 나 스스로 인생에 용기가 없었던 걸까. 내 인생도 나름 강하게 다져졌다고 생각하는데 내게 주어진 삶은 녹록지 않다.

대부분의 어른들도 마찬가지이신 듯하다. 당신들의 자식들은 그저 편안하게 살다가 한 가정을 꾸려서 화목하고 건강하고 무탈하게 잘 살길 바라신다. 마치 '수학의 정석'처럼 사는 것이다. 하지만 인생이 어디 쉬운가. 평범한 삶이 가장 어려운 삶이다. 평범함을 유지해왔다는 것인, 수많은 유혹과 위험을 현명하고 지혜롭게 헤쳐왔다는 뜻이기도 하다. 나는 평범한 삶이 가장 어려우면서도 결과적으로는 가장 좋은 삶이라고 생각해왔다.

요즘은 칠순 정도는 되어야 어른이 아닌가 싶다. 칠순이 되려면 우리는 아직도 20년이라는 세월을 보내야 한다. 70대를 생각해보면 무언가 설렌다. 지금껏 해왔던 일보다 해야 할 일이 현저히 줄어든 나이지만, 70대를 그려보면 우리는 지금부터 새롭게 성인이 되는 것처럼 즐겁게 살아가면 된다.

개인적으로는 적어도 '고희'의 나이가 될 때까지라도 시력이 이 상태 그대로 유지라도 되었으면 좋겠다. 지금도 상당히 안 좋은 시력이다. 콘택트렌즈와 안경 렌즈를 압축해도 계속 두꺼워지기만 하는 안경알로 겨우 버티고 있다. 글을 쓰고 있는 지금도 나도 모르게 자꾸 눈을 비비고 있다.

이제는 책을 장시간 읽고 있으면 쉽게 피로해진다. 안구 건강을 위해서 영양제인 루테인도 먹다가 안 먹다가 하기 일쑤다. 비타민 A가 많이 들어간 채소 역시 마찬가지다. 얕은 지식도, 체력이 떨어지는 것도,

체형이 변하기 시작하는 것도, 시력이 떨어지는 것도, 다 고민거리가 아닐 수 없는 중년이다. 50대부터는 상당히 많은 부분이 변한다.

책 출간이 되면 점점 나 자신이 드러날 수도 있다. 그렇지만 나는 최대한 드러내지 않을 생각이다. 그저 두루뭉술하게 최선을 다해 열심히 살아내고 있는 '중년의 평범한 여자'라고만 여겨주면 감사하겠다. 나는 현재의 멘탈보다는 체력이 문제라는 걱정이 앞선다. 무엇이든 시작하려면 건강이 받쳐줘야 하니까 체력을 키워야겠다는 생각이 든다. 그래서 다시 스트레칭부터 천천히 시작해보려고 한다. 공부도, 운동도, 취미생활도, 여러 가지의 일도 다 완벽하게 해내고 싶다. 무엇이든 하려면 기본적으로 건강해야 한다. 나이가 드니 확실히 많은 부분에서 자신이 없어진다. 어딘가에 큰돈을 지출하고 싶은 마음도 없다.

중년부터는 나를 튼튼하게 받쳐줄 수 있는 지렛대가 필요하다. 그러기 위해서는 나 자신을 보호할 수 있는 보호막이 있어야 한다. 누구에게도 뒤지지 않을 안목과 어떤 분야에 종사하는 사람들과 만나도 절대 뒤처지지 않을 전문적인 지식이 필요하다.

대화의 주제가 풍부하면, 누구와 장시간 대화해도 끊임없이 이야깃거리가 쏟아져서 전혀 지루하지 않게 된다. 그리고 나중에 다시 만났을 때도 상대방의 지적 수준을 파악하고 있어서 더 재미있고 유쾌한 대화가 이어질 수 있다. 지식을 쌓기 위해서는 다양한 분야의 책을 가까이하는 것이 좋다.

  우리의 뇌는 유식해지려고 노력한다. 유식하게 보이려는 방식을 습득하려고 애쓴다. 사람의 뇌는 타고난 방식에 의해 공부를 하게 되면 배움이 빠르다. 배움과 경험으로 한 인간으로 바뀌며 당신을 둘러싼 상황도 바뀐다는 것을 체험하게 된다.

  나는 다양한 공부의 시작은 독서라고 생각한다. 진로를 위해 취득하고자 하는 각종 자격증이 우선일 수도 있겠다. 자신이 하고 싶은 분야를 선택해서 시작해보자. 24시간 중에 자투리 시간으로 쓸 수 있는 시간만 모아보자. 자투리 시간은 하루 두 시간도 충분히 쓸 수 있다.

  어떤 수험생은 버스 안에서 창밖을 보며 머릿속으로 수학 문제를 풀고, 또 어떤 직장인은 출퇴근 시간에 책을 읽어서 1년에 30권을 읽었다. 독서는 어렵지 않게 '버려지기 쉬운 시간'을 활용할 수 있고, 나 자신을 다잡는 시간이며, 마음을 단단하게 만들어주는 힘이 있다.

언제까지 고민만 할 것인가?

인생은 지긋지긋한 일의 반복이 아니라
지긋지긋한 일의 연속이다.
- 에드나 밀레이

인생은 고민의 연속이다. 고민에 고민을 거듭하고도 고민하게 되는 것이 인생이다. 매끼 식사 때마다 "오늘은 어떤 요리를 할까?", "오늘은 어떤 음식을 먹을까?", "어떤 것을 먹어야 잘 먹었다고 소문이 날까?"부터 "오늘은 뭐하며 시간을 보낼까?", "오늘은 어디를 갈까?"로 하루를 시작한다. 그래서 인스타그램에도 잘 없는 물음표 해시태그로 '오늘 뭐 먹지?'가 유행하는 것이 아닐까 싶다. 나는 '오늘 뭐 하지?'

어릴 적에는 '밥을 몇 시에 먹을까?'부터 고민이 시작됐다. 아니 아침에 눈 뜨자마자 이부자리에서부터 하루의 고민이 시작된다. '지금 일어날까 말까?', '그냥 더 잘까', '5분만 더 잘까?'부터 고민에 빠진다. '10분 더 자고 일어나면 유치원에 늦는다고 엄마한테 혼나나?' 요즘 그래서 '이불 밖은 위험해'라는 말이 생긴 걸까? 고민을 나열하자면 한도 끝도 없을 것이다. 우리는 매 순간 고민 속에 휘감겨 살아간다. 고민은 해도 해도 끝이 없다.

잠시 유년의 기억 한 조각을 꺼내어 보자. 1960년대와 1970년대 세대인 우리는 '아이스케키'라고 불렀던 팥맛이 가득한 아이스크림을 기억한다. 길에서 키 큰 아저씨들이 은색 큰 통을 목과 어깨에 둘러메고, "아이스케키 사세요! 아이스케키 사세요!"라고 외쳤다. 내 기억에 아이스케키가 한 개에 50원이었다. 골목에 찹쌀떡과 호박엿도 장사도 심심찮게 등장한다.

늘 그래 왔듯 동네에 삼삼오오 모여서 서로 입버릇처럼 "나도 까주라(사주라)"를 외쳤다. 아이들은 "100원만 까주라, 50원만 까주라"를 거의 매일 외치고 다녔다. 동네 아이들의 사는 모양새는 비슷했다. 매번 아이들은 고민했다. '까줄까 말까', '먹을까 말까.'

저마다 사는 모양새는 비슷했지만, 유치원을 다니는 아이와 그냥 집에 있는 아이로 나뉘기는 했다. 나는 부모님이 가게를 하고 계셨고, 주로 남동생들끼리 놀아서 여섯 살 때부터 유치원 같은 문화원에 다녔다. 그 시절은 유치원에 다녔던 아이보다 안 다녔던 아이가 훨씬 많았던 세대였다. 난 덕분에 초등학교 시절에 받아쓰기는 항상 100점을 맞았다. 받아쓰기는 어쩌다 한 개 틀렸고 나머지는 올백이었다.

남동생들과 함께 다녔던 학원은 태권도와 웅변학원이었다. 지금 돌이켜 보면, 우리 부모님도 참 등골 휘게 고생하셨다. 1980년대에 학원을 여러 곳이나, 두 살 터울을, 그것도 셋을 보내셨으니 말이다. 삼 남매가 조금씩 낯가림이 있었는데, 극복시키기 위해서 웅변학원에 보내셨던 거로 기억한다. 지금 떠올리니 절로 엄마 미소가 된다. "큰소리로 외칩니다!"를 엄청 많이 외쳤다. 나는 태권도는 노란띠에서 그만뒀다. 그리고 피아노학원에 다녔다. 우리는 어릴 적부터 어떤 선택에 있어 매 순간 '할까 말까', '그만둘까 말까'를 고민하게 된다. 피아노학원은 힘들면 중간에 쉬고, 초등학교 고학년 때까지 여러 번 다녔다. 그 당시에는 여자아이들은 대부분 체르니 30번이나 40번까지 배웠다.

삼 남매는 사춘기부터는 아예 학원에 다니지 않았다. 초등학교 때 원 없이 학원 뺑뺑이를 돌아서인지도 모르겠다. 중학교에 들어가면서부터는 그냥 학교 집, 학교 집이었다가 영어 방문 과외를 잠시 했던 기억이 있다. 그 당시에 영어 단어를 엄청 외워서 머리에 쥐나는 줄 알았다. 영어를 잘하는 것은 아니었지만, 좋아하는 과목이었다. 반대로 수학은 너무 싫었다. 나는 이때부터 '수포자'였다.

1980년대 세대는 완전 스파르타 주입식 교육이었다. 스파르타는 폐쇄적 사회체제, 엄격한 군사교육, 강력한 군대를 뜻한다. 중고등학교 시절은 학업에 고민 따위는 안중에도 없었다. 우리 때는 무조건이었다. 한창 예민한 아이들은 가출도 잦았고, 더러는 학교 부적응자도 심심찮게 있었다. 이성 교제라도 걸리면, 당연히 따라오는 것은 담임선생님의 체벌과 퇴학이었다. 요즘 아이들은 상상이 안 될 수도 있다. 우리 때와는 달리, 공부도 상당 부분 자기 주도 학습이 되었다. 비교적 이성 교제도 자유롭고, 학교도 자발적인 선택이 많아진 것 같다.

중학교 시절 학교 앞에 '추억의 분식집'이 있었다. 이 분식집은 내가 사회초년생일 때까지도 있었다. 풍문에는 주인이 바뀌었고, 맛이 달라졌다. 우리 세대는 어렵지 않게 추억의 음식이 하나쯤은 있는 나이다. 불량 식품이 흔했던 '그때 그 시절'의 옛날 사람이기에.

나는 어릴 적부터 유난히 떡볶이를 좋아했다. 살짝 동그랗게 하얀색 무늬가 들어간 연두색 접시가 생각난다. 한 접시에 300원에서부터 500원으로 올랐을 때까지, 하교하자마자 분식집 문턱을 닳고 닳을 때까지 드나들었다. 가끔 밀떡에서 매운맛이 나면, 물컵에 떡볶이를 푹 집어넣고 흔들어 씻어 먹던 친구도 기억난다. 그래서인지 우리 집 대학 신입생도 떡볶이를 좋아한다. 좋아하는 것을 넘어서서 스트레스 해소용으로 매번 떡볶이를 손꼽는다. 종종 완전 치즈 범벅인 떡볶이로 스트레스를 풀고 있다.

'여자들의 환상' 중에 절대 빼놓을 수 없는 것으로 웨딩드레스가 있다. 웨딩드레스를 가봉하기 위해 예비 신랑과 함께 드레스샵에 방문한다. 웨딩포토용 드레스와 본식 드레스를 몇 벌 입어보면 예비신부는 자아도취로 세상을 다 가진 아름다움에 빠져든다. 그런 예쁘고 아름다운 모습은 예비 신랑의 눈에 '이 여자가 세상에서 가장 예쁘다'로 비친다.

"어떤 드레스를 입으면 예쁠까?" 나는 결혼할 때 여자들이 예식장 선택부터 드레스 선택까지 모든 것들이 행복한 고민이면 좋겠다. 그런데 웨딩드레스는 정말 간단한 옷이다. 드레스에 자신의 몸을 넣고 마치 속옷을 입듯 양쪽 팔만 끼우면 끝이다. 결혼식 이후에 웨딩드레스에 대해 환상을 갖고 물어보는 친구가 많았다.

결혼식을 준비하는 과정은 절대 순탄하지만은 않다. 물 흐르듯 자연스럽게 진행되는 것보다 우당탕탕 급하게 식을 치르게 되는 경우도 많다. 특히 2세라는 선물이 생긴 상태라면 더더욱 빠르게 진행이 되기도 한다.

사람의 인생 중의 절반 이상이 결혼생활과 부모 역할이다. 특히,

결혼은 여자에게 있어 제2의 인생이다. 남자도 마찬가지지만 여자의 인생에 비한다면 그저 열심히 한 집안의 가장으로 책임감으로 잘 살아내면 되는 것 같다. 반면, 여자는 임신과 출산을 하는 몸이다. 상황에 따라 남자보다 훨씬 더 힘든 고난의 길이 될 확률이 높다. 기본적으로 가족에 대한 사랑과 희생정신이 없으면 결혼생활 자체가 고역이 될 수도 있다. 그리고 계획에도 없던 혼전 임신이라면, 더더욱 정신적으로 힘이 두 세배는 들지 않을까 생각한다.

나는 미혼 여성들이 결혼을 신중하게 결정했으면 좋겠다. 결혼 적령기에 들어서면, 여자는 당연히 고민이 많아질 수밖에 없다. 요즘은 비혼이 많다. 개인적으로도 결혼은 그저 나이가 많아서 혼기가 꽉 찼다는 이유로, 의무적으로 행하지 않았으면 한다. 금전적인 문제로 아예 결혼 자체를 포기하고 살아가는 사람들도 많은 시대인 듯하다.

자기계발의 시작은 독서와 공부다

좋은 충고를 받아들이는 것은 자신의 능력을 키우는 것이다.
– 요한 볼프강 폰 괴테

쓸모없는 책이나 가치 없는 책은 없다. 중요한 책 중에 소설이나 만화는 크게 영향이 없다고 생각하는 이들이 적지 않다. 특정 분야의 책이나 시간 때우기용으로 읽는 책은 가치가 없게 느끼는 사람들이 있다. 책은 종이로 만들어진다. 독서는 성장을 위해 꼭 필요하다. 낡아빠진 '종이 한 장'이 필요한 내용으로만 채워져 있어 삶에 지침이 된다면 십분 가치가 있는 쓸모있는 책이 된다.

요즘 성인을 위한 어른 만화와 어릴 적 출간이지만 제법 인기를 끌었던 동화가 재출간되고 있다. 인터넷 서점을 검색해봐도 심심찮게 볼 수 있고, 책 표지부터 시선을 끈다. 색다른 제목부터 신선하고 매력적인 책이 많다.

독서로 스트레스를 푸는 사람들이 있다. 나도 그런 편이다. 책을 읽을 때 다소 난도가 높은 책이라 할지라도 꼭 읽어내고야 말겠다는 마음이 앞선다. 그리고 쉬운 책은 복잡한 생각을 정리할 때 집중이 잘 되고 생각 정리가 쉬워진다. 자기 성장을 위해서는 독서는 필수다.

책 속에 인생의 방향이 숨어있다. 집에 책이 한두 권씩 늘어나다 보니 자연스럽게 인테리어용 책장을 들였다. 그전에는 미니멀리즘을 선호해서 최대한 인테리어는 피하려고 애썼었다. 그러다 보니 아무렇게나 책을 쌓아놓기 일쑤였다. 그러다 책이 무너지기 일보 직전의 상황에 이르러서야 거실 한 벽을 가득 채운 책장을 제작했다.

책은 여러 번 반복해서 읽는 것을 권하고 싶다. 보통 한두 번 보고 책꽂이의 장식용이 되는 책이 많다. 그러나 마음에 여운이 계속 남는 책에 인생 글귀가 있으면, 최소 두어 번은 읽게 된다.

지금도 저성장 시대이긴 하다. 하지만 공부를 하면 자기계발의 시장은 열려있다. 자기계발 시장에는 저마다의 직업이 있고, 꿈이 있고, 돈이 있다. 이런 시장에 내 시장도 있다면 좋지 않을까. 나는 그냥 시장의 어느 한 귀퉁이에 조그맣게라도 쭈그리고 앉을 공간만 있으면 된다. 결국, 그 시장 안에 '큰' 자리는 내가 펴게 될 테니까 말이다.

남과 경쟁을 벌이는 것이 아니다. 우리의 목표나 바람, 늘 꿈꾸는 이상적인 삶을 따라 하는 사람은 없지 않은가. 저마다 삶의 방식은 있다. 하나의 목표를 세우자. 그리고 자신감을 찾기 위한 노력을 해야 한다.

결혼했다고 해서 여자의 인생이 끝난 것이 아니다. 오히려 더 나은 삶의 방향이 될 수도 있다. 당신은 더욱 행복한 삶을 위해 결혼이라는 선택지를 택했을 뿐이다. 자신을 위한 시간을 만들자. 지인이나 친구를 만나는 시간을 줄이고 아낀다면 얼마든지 자기계발에 시간을 투자할 수 있다. 자신을 성장시키는 것만큼 매력적인 일도 없다.

뜻하지 않게 독박 육아와 살림으로 자신도 예상하지 못했던 경단녀가 되어버리는 여성들이 아직 생각 이상으로 많은 시대다. 가정에서 남편이 육아와 집안일을 도와주는 것이 아닌, 함께한다는 인식이 전보다 늘어나긴 했다. 그러나 어릴 적부터 아버지를 보고 배우며 성장한 남성들의 가부장적인 한국의 정서로는, 아직 갈 길이 먼 듯하다.

육아맘의 시기에는 아이가 놀다가 지쳐 쓰러져 잠이 들면 만사 제쳐놓고, 그냥 같이 자야 편하다. 아이가 잘 때 밀려서 쌓아두었던 집안일을 하기에는 아주 좋다. 그러나 엄마의 몸은 쉬이 지친다. 아이가 낮잠을 자면 무조건 옆에 누워 십 분이라도 쪽잠을 자야 그나마 하루가 덜 피곤하다. 수면 부족 현상이 생기면 스트레스가 쌓이기 쉽다. 그리고 참다 참다 폭발하는 육아맘도 여럿 겪었다.

스트레스는 그때그때 풀어내야 한다. 말이 참 쉽기는 하다. 현재 당신의 위치가 육아 외에 아무것도 할 수 없는 상황에 부닥쳤다면 그 상황을 애써 피하려고 하거나 회피하지는 말자.

육아만 할 수 있는 환경에서 '다른 것도 할 수 있는 환경'으로 바꾸면 된다. 24시간을 육아만 하고 있다고 생각하지는 말자. 독박 육아의 상황에서도 자투리 시간을 끌어모으면 하루 2시간 정도는 벌 수 있다. '자투리 십 분'이 이십 분이 되고 두 시간이 된다.

그렇게 시간 활용을 해나가다 보면, 집에서 할 수 있는 것이 생각보다 많다. 대신 체력에 따라 수면 부족이 될 수는 있다. 육아맘 시기에는 숙면 자체가 어렵다. 숙면이 안 되면 쪽잠이라도 자면서 나 스스로 성취감을 느낄 수 있는 자기계발을 해보자.

인류가 본래 타고난 학습법은 자연스러운 학습이라고 한다. 개인별로 공부를 잘하고 못하고의 문제에 대해 오래 집착해온 우리에게는 신선하다. 어릴 적에 아이가 공부를 잘한다고 해서 그 인생이 미래에 반드시 성공하는 인생일까?

만약에 우리 사회가 그런 사실을 받아들인다면 세상은 어떻게 될까? 주입식 세대인 우리는 교사와 학부모의 다그침 속에 성장했다. 사람은 주어진 상황마다 경험하면서 성장하도록 치밀하게 설계된 최고의 학습자다.

매 순간 관심이 생기고 쫓는 과정에서 다양한 경험을 한다. 경험이 쌓일수록 관심의 폭과 깊이가 더해지고 학습 욕구가 생긴다. 예전에는 근본적인 제도의 문제로 학교 현장과 교실 수업에 많은 어려움이 있었다. 최근에는 자기주도형 학습 방식으로 실제 교육이 이뤄지고 있어 다행이다.

나는 개인을 구속하는 사회적인 한계를 뛰어넘어 개인의 노력이 사회 전체를 변화시킬 수 있다는 믿음, 의지와 실천이 우리 교육의 희망이라고 믿는다. 이제 자기계발은 자신의 꿈과 미래를 위해 꼭 해야 하는 필수적인 것이다. 요즘 사람들은 잠을 줄여가면서 새벽부터 맑은 정신으로 독서를 한다. 하는 일에 치어 나만의 시간을 잘 활용하지 못했던 사람들이 대부분이었다.

인생을 변화하고 싶을 때 가장 중요한 것은 공부다. 배우면서 여러 번 변할 때, 비로소 내가 된다. 자기계발을 하기 전에 자신을 관리하는 시간을 갖는 것도 중요하다. 내가 더 나아질 수 있고 가능성이 있다는 것을 깨닫게 된다.

변화가 없는 사람은 희망도 없다. 우선 독서와 외국어 공부, 근거리 여행, 요리, 아이들과 놀아주기를 권하고 싶다. 큰 계획 없이도 바로 시작할 수 있는 일이다. 그중에서 독서와 외국어 공부를 시작해보는 것을 추천한다. 운동까지 시작한다면 더 좋겠지만, 처음부터 무리하지는 말자.

오롯이 나만의 시간을 귀하게 여기고, 시간을 쪼개 쓰는 사람들이 상당수 늘었다. 사람들은 가끔 누군가가 하라고 해서 하는 자기계발인지, 내가 원해서 하는 것인지 헷갈리기도 한다. 우선 주부도 쉽게 할 수 있는 자격증을 취득해보자. 홈트레이닝을 하거나 취미생활을 해보는 것도 좋을 것이다.

스트레스는 아무것도 할 수 없는 '희생 같은 육아' 때문에 쌓이고 쌓인다. 나의 지극히 현실적인 경험상 육아가 완벽한 독박이라면, 상상 이상으로 힘들기는 하다. 그리고 체력이 달린다면, 자꾸 밀려서 쌓이는 집안일도 한 번쯤은 진지하게 생각해보면 좋겠다.

뉴포트 컴퓨터공학 교수에 의하면, 미래는 자기 일에 깊이 파고드는 방법을 아는 사람들이 지배한다. 자기 일에 전력투구할 수 있는 사람들, 모든 간섭을 차단할 수 있는 사람들이 진가를 발휘할 수 있는 시대가 오고 있다. 어떤 자기계발을 하면 가장 좋은지를 신중하게 생각하고 이제는 실행에 옮겨야 할 때다.

50부터 시작하는 공부의 즐거움

PART 2

50대의 공부가
100세 인생의
성공을 좌우한다

배움에는 끝이 없다

배움이란 우연히 얻을 수 없다.
그것은 타는 열정으로 구해야 하며
부지런함으로 참여하는 것이다.
– 아비가일 아담스

50대부터는 점점 체력도 떨어지지만, 의욕도 떨어져서 정신적으로
힘들어질 수 있다. 내 안의 에너지를 다시 열정으로 채우려면, 일상
생활에서의 활력이 필요하다. 인생은 오직 나를 위해서만 살기가 쉽
지 않다. 하지만 이제는 나를 위해서 살아가도 괜찮은 나이가 50대
부터가 아닐까 생각한다. 50대가 되면 세상 돌아가는 방향을 이미
잘 알고 있다. 하고 싶었던 일들을 시작하면서 힐링이 되는 문화생활
도 함께 해보자.

나는 몇 년 전부터 꾸준하게 뮤지컬과 연극 공연을 관람하고 있

다. 어떤 공연이든 작품성과 출연진 구성을 보고 선택한다. 어느 정도 인지도 있는 배우는 대중들의 선택이다. 그만큼 연기력이 풍부하고 표현력이 우수하다. 나는 공연을 단순히 배우의 외모로 평가하지는 않는다. TV 프로그램에서 소위 '꽂혔다'는 작품이 있으면, 한동안 그 작품의 열연 배우를 위주로 보기도 한다.

지금은 'SNS 전성시대'다. 잠깐 인터넷 검색만 해도 배우들의 프로필부터 살아온 이야기를 어느 정도는 엿볼 수 있다. 나는 어떤 연예인이든 범법적으로 사건 사고가 없는 분을 선호한다. 특히, 연기는 배우의 진정성이 기본이 되어야 한다. 작품에 진심이 느껴지지 않는 연기는 전공을 살려서 '그냥 하는 연기'다.

'안방 1열'이나 공연장 객석에서도 사람들은 전부 느낀다. 그리고 범법적 문제가 있는 연예인은 결국 오래 살아남지도 못하고, 비연예인으로 돌아가서 평범하게 조용히 살아가는 것을 심심찮게 볼 수 있다.

무엇을 시작하든 늦지 않을까 걱정스럽기도 한 나이가 50대다. 우리는 이제 인생 절반을 달려왔을 뿐이다. 음악이든 그림이든 멋진 표현 예술을 곧잘 접하다 보면, 뭔가 의욕이 샘솟기 시작한다. 50대부터는 '아름다움을 추구하는 삶'을 하나의 목표로 삼고 살아보면 어떨까 생각한다.

아름다움을 추구하려면, 자신의 외모를 가꾸는 법도 중요하다. 나이 들수록 관리하는 사람과 아예 신경을 쓰지 않는 사람은 티가 난다. 관리하면 체형도 변한다. 얼굴도 마찬가지다. 나는 지금까지 외모에는 그다지 신경 쓰지 않았다. 기초 화장품 위주로만 바르고, 어쩌다 팩 한두 장 붙이고 잠드는 정도였달까. 그냥 나 편한 것이 최고였다. 이제는 눈가의 주름과 팔자주름이 짙어지고 있음을 깨닫고 있다. 나는 그저 내 마음이 편하고 좋은 것, 그리고 내 가족, 취미생활로 만족했었다.

자기관리도 부지런해야 한다. 자기관리의 기본인 다이어트도, 메이크업도 전부 '배움'이다. SNS를 보면 각종 메이크업부터 엄청나다 싶을 정도의 깨알 정보가 숨어 있다. 뭐든 부지런해야 배울 수 있고, 자꾸 직접 해보는 연습이 필요하다.

중년의 나이부터 완전히 공감하는 TV 프로그램이 있었다. <응답하라> 시리즈 중에 1988년도를 배경으로 했던 드라마다. 재방송으로 연속방송을 하면 집안일을 하다가도 한 번씩 스치듯 보는데, 보고 또 봐도 재미있다. 추억의 음악부터 추억의 가수, 추억의 먹거리, 그리고 첫사랑의 성장통 이야기, 내 집처럼 드나드는 옆집의 숟가락이 몇 개인지까지 알게 되던 시절을 그대로 표현한 작품이다.

내 유년 시절의 기억에는, 우리 집 삼 남매가 동시에 좋아했던 놀이기구가 있었다. 바로 '스카이콩콩'이다. 스카이콩콩을 서로 번갈아 타면서 시멘트 바닥에 구멍이라도 내듯 열심히 발을 동동거리며 신나게 뛰었다. 처음에는 발목도 아프고 무릎도 아프지만, 타면 탈수록 방법을 배우면 배울수록 재미있었다. 속도가 붙어 능숙해지면서 동생들과 서로 타려고 떼쓰던 기억에 절로 미소가 지어진다.

그리고 초등학교 시절에는 반 친구들과 교실 뒤쪽으로 모여 앉아 공기놀이하며 놀았다. 매시간, 수업이 끝나자마자 우르르 교실 뒤에 모여서 공기 알을 50개나 100개 쫙 깔아 놓고, '5개 채기 내기'를 해서 가장 먼저 점수를 채운 친구에게 손목 맞기 벌칙도 했다. 그 시절에는 뭐가 그렇게 재미있었는지 틈만 나면 모여서 폭풍 수다를 떨기도 했다.

어릴 적, 친할머니가 친구분들과 2박 3일간 제주도 여행을 다녀오셨다. 그때는 대부분이 그랬던 시절인데, 우리 집도 부모님이 할머니를 모시고 살고 있었다. 가끔 고모님들 집에서도 머무르셨다. 할머니가 슬라이드형 그림 사진기를 "누가 주더라"라며 건네주셨다. 버튼을 찰칵찰칵 누르면 10장 정도의 그림이 옆으로 넘어갔다. 한동안 수시로 그림 보는 재미에 빠져 살았다.

나는 초등학교 저학년 때까지 할머니와 메주를 만들어서 안방 아랫목 천장에 띄우기도 했다. 할머니는 메주를 벽돌처럼 만들다가 손녀의 얼굴에도 메주를 칠하기도 하고, 손에도 발라주셨다. 나도 옆에서 할머니를 도와드린답시고 고사리 같은 손으로 열심히 메주를 사각형 모양으로 만들었다. 처음에는 메주가 똥 같아서 얼굴을 찌푸리기 일쑤였다. 한동안 방 안에 메주 냄새가 진동했는데, 아직도 콧등에 '그때 그 시절의 향기'가 남아있는 듯하다.

할머니는 내가 21세 때, 집에서 주무시듯이 편안하게 돌아가셨다. 지금 우리 부모님의 연세보다 젊은 나이였다. 나는 나이가 들수록 이따금 할머니가 그리워진다. 그리고 우리 부모님께 정말 잘해드려야겠다는 생각이 들 때가 많다.

50대에 무료함과 어울리는 방법은 하나의 중요한 주제다. 우리는 하루 중 '무료한 시간'에 무엇을 하며 보내는지, 한 번쯤 시간을 제대로 체크해야 한다. 자신이 그냥 허송세월 시간만 낭비하고 있는 것은 아닌지, 불필요한 것들에 시간 소모가 많은 것은 아닌지 말이다. 자기계발을 위한 공부든, 일이든 끝맺음이 중요하다.

나는 뒷심이 약한 편이기도 하고, 상황이 따라주지 않아 가끔 중도 포기를 한 일이 있었다. 오롯이 나를 위한 인생을 살았더라면, 끝맺음이 달라졌을 수도 있다. 무난히 살아오면서 그 결정이 어느 방향이든 나는 매 순간 최선을 다했다. 나의 미래도 그렇게 최선을 다할 것이기에 그게 무엇이든 운명에 맡기려고 한다. 자신이 어떻게 할 수 없는 것까지 책임지려고 한다면, 그것인 운명을 거스르는 일이라고 생각한다.

사회생활도 배움이다. 엄마의 몸에서 태어나는 순간부터 배움에는 끝이 없다. 배움으로 하나씩 성장해가며, 나 자신을 한층 더 성숙한 인간으로 만들고 싶다. 그리고 사회에서 뭐라도 하나쯤은 성공한 사람이 되고 싶다. 이제는 많이 늦은 나이라는 것도 인정한다. 그렇지만 '진짜 나만의 인생을 살아보기'에는 중년부터가 최적기라고 생각한다.

알베르트 아인슈타인은 "젊은이들에게 정형화된 성공을 인생의 중요한 목표라고 설교하는 일이 없도록 조심해야 한다. 학교와 인생에서 가장 큰 동기부여는 일과 학업의 즐거움, 그 성과에서 얻는 즐거움, 그리고 그 결과가 지역사회에 이바지하는 가치를 인식하는 것이다"라고 말했다.

어느 인기 예능인의 소통 법칙이 있다. '앞에서도 할 수 없는 말은 뒤에서도 하지 말라'다. 전 세대를 통틀어 해당하는 법칙일 수도 있다. 또, '말을 독점하면 적이 많아지고, 목소리 톤이 높아질수록 뜻은 왜곡된다', '귀를 훔치지 말고 가슴을 흔드는 말을 하라', '내가 하고 싶은 말보다 상대방이 듣고 싶은 말을 하라', '칭찬에 발이 달려 있다면 험담에는 날개가 달려 있다', '뻔한 이야기보다 재미있는 이야기를 하라', '혀로만 말하지 말고 눈과 표정으로 말을 하라', '입술의 30초가 가슴에 30년이 된다', '혀를 다스리는 것은 나지만, 뱉어진 말이 나를 다스린다'라는 말이 있다. 성공한 사람은 뭔가 달라도 확실히 다르다는 것을 새삼 느끼게 되는 법칙이다. 이렇게 나는 '성공한 연예인'에게도 배운다.

100세 시대에 살아남는 법

젊은이들에게 관대하라.
– 유베날리스

　우리는 어느새 '젊음'이라는 나이를 지나 '청춘'이라는 나이를 보내고 있다. 중년의 나이가 되고 보니 정말 많은 것들이 바뀌었다. 무엇을 해도 정말 많은 부분에서 자신감이 떨어진다. 이제 두려워하기 쉬운 나이라는 것을 깨닫고 있다. 그렇다고 두 손을 놓고 아무것도 안 할 수는 없지 않은가.

　사회에서 젊은 청춘에게 밀리기 시작하는 나이인 것도 인정할 수밖에 없다. 세상 속에서 여태껏 어렵게 쌓아온 '공든 탑'이 무너지기 쉬운 나이인 것도 맞다. 특히, 평범하게 살아온 인생일수록 무모한 도전을 하기에는 다소 무리다. 나도 평범하고도 평범한 삶을 살아왔기에 무언가 변화를 시도하려면 큰 결심이 필요하다. 성공이 보장되지 않는 치열한 사회에서 살아남기가 어려운 나이지만, 그저 집에서 편안하게 밥만 먹고 살아갈 수는 없다.

인생은 한 번뿐이다. 또한, 지금은 100세 시대다. 시대에 맞게 현명하게 살아가는 지혜가 있어야 한다. 숫자 100은 무언가 꽉 찬 숫자면서 인생의 완벽함을 뜻하는 것 같다. 파란만장한 삶을 '잘 살아냈다는 점수'이기도 하다.

미국에 사는 칼럼니스트 레지나 브렛이 쓴 글이 있다. 그녀가 "나이가 들어가는 것을 기념하기 위해 내가 인생에서 배운 45가지의 교훈을 글로 적었다"라고 말한 내용을 소개한다.

1. 인생은 공평하지 않다. 하지만 그래도 여전히 인생은 좋다.
2. 의심이 들 때는 그저 약간만 앞으로 전진하라.
3. 인생은 매우 짧다. 그러니 다른 사람을 미워하지 마라.
4. 당신이 아플 때 당신의 직업은 당신을 지켜주지 않는다. 오직 당신의 친구와 가족만이 당신 곁을 지켜줄 것이다.
5. 카드빚은 연체하지 말고 매달 갚아라.
6. 당신이 모든 논쟁에서 반드시 이겨야 하는 것은 아니다.
7. 누군가와 함께 울어라. 혼자 우는 것보다 훨씬 더 당신을 치유해

줄 것이다.

8. 신에게 화를 내도 괜찮다. 당신의 신은 그것을 받아줄 수 있다.

9. 첫 월급을 탈 때부터 은퇴할 때까지 대비해 저축을 시작하라.

10. 굳이 초콜릿을 먹지 않으려고 애쓰는 것은 참 쓸데없는 짓이다.

11. 당신의 과거와 화해하라. 그러면 당신의 과거가 현재를 망가뜨
    리지 않는다.

12. 당신의 자녀들이 당신의 우는 모습을 보는 것도 괜찮다.

13. 당신의 삶을 다른 사람들의 삶과 비교하지 마라. 다른 사람들
    의 삶이 실제로 어떤지 결코 알 수 없다.

14. 만일 비밀로 해야 하는 인간관계가 있다면, 그런 인간관계는
    맺지 않는 편이 좋다.

15. 모든 것은 눈 깜짝할 사이에 변할 수 있다. 하지만 신은 결코
    눈을 깜박거리지 않는다.

16. 숨을 깊이 들이마셔라. 그럼 당신의 마음에 평화가 찾아온다.

17. 쓸모없는 것들을 제거하라. 잡동사니들은 여러 가지 방식으로
    당신을 무겁게 짓누른다.

18. 어떤 고통이 실제로 당신을 죽이지 못한다면, 항상 당신을 강하
    게 만들어 줄 것이다.

19. 행복해지는 것은 언제라도 절대 늦지 않다. 하지만 그것은 오직
    당신 자신만이 할 수 있다.

20. 당신이 진심으로 어떤 것을 추구할 때, 절대로 안 된다는 생각을 하지 마라.

21. 촛불을 켜라. 좋은 침대시트를 써라. 근사한 속옷을 입어라. 특별한 나를 위해 아껴두지 마라. 오늘이 바로 가장 특별한 날이다.

22. 준비는 항상 필요한 것보다 더 많이 하고, 실제 부닥쳐서는 흐름에 따르라.

23. 남들과 다르게 행동하라. 나이에 따라 정해진 것은 없다.

24. 섹시함을 위해서 가장 중요한 신체 기관은 바로 '뇌'다.

25. 당신 외에는 아무도 당신의 행복을 책임지지 않는다.

26. 소위 재앙이라고 말하는 모든 일을 다음 질문의 틀 속에서 판단하라. '5년 후에도 이 일이 정말로 내게 중요할까?'

27. 항상 나의 삶을 선택하라.

28. 꾸준히 남을 용서하라. 이 세상에 용서하지 못할 것은 없다.

29. 다른 사람이 당신을 어떻게 생각하는지 신경 쓸 필요 없다.

30. 시간은 모든 것을 치유한다. 시간에게 치유할 시간을 줘라.

31. 지금 상황이 좋건 나쁘건 이 상황은 반드시 변하게 된다.

32. 어떤 일이든 당신 스스로 너무 심각하게 받아들이지 마라. 당신 자신 말고 누구도 그렇게 심각하게 생각하지 않는다.

33. 기적을 믿어라. 세상에는 내가 모르고, 예상하지 못한 일이 곧잘 일어난다.

34. 신은 그저 신이기 때문에 당신을 사랑한다.

35. 내 인생은 내가 주인이다. 지금 당당히 내 인생을 살아가라.

36. 성장하는 노인이 늙어가는 젊은이보다 낫다.

37. 당신 자녀에게 있어서 어린 시절은 인생에서 오직 한 번뿐이다.

38. 결국 인생의 마지막에 중요한 것은 당신이 누구를 사랑했다는 것이다.

39. 매일 밖으로 나가라. 기적이 모든 곳에서 당신을 기다리고 있다.

40. 만일 자신의 문제들을 쌓아두고 다른 사람들의 문제들을 본다면, 자신의 문제는 나중에 처리하게 될 것이다.

41. 질투는 시간 낭비다. 당신이 가지고 있는 것을 먼저 받아들여라.

42. 가장 좋은 순간은 아직 오지 않았다.

43. 당신의 기분이 어떻든 간에 아침에 일어나 옷을 잘 차려입고 당당하게 나가라.

44. 남에게 양보하는 것이 내게 손해라고 생각하지 마라.

45. 인생에 나비넥타이가 묶여있지 않았더라도 인생은 여전히 선물이다.

현재 우리나라의 노인 인구 증가 속도가 경제협력개발기구(OECD) 37개국 중 가장 빠른 것으로 나타났다. '나는 늙지 않는다'라고 생각하는 사람이 많다. 몸이 아닌, 마음이 늙지 않는다는 뜻일 것이다. 우리는 100세 시대에 어떻게 노후 준비를 해야 할까? 세월은 누구에게나 똑같은 속도로 흐른다. 그리고 누구에게나 반드시 '노후'가 찾아온다. 노후생활을 '준비하느냐, 준비하지 못하고 맞이하느냐'에 따라 전혀 다르게 살아갈 수도 있다. 노후 준비를 못 하고 사는 사람들이 많다. 현재의 나도 마찬가지다.

"당신은 노후 준비를 하고 있나요?"

끊임없는 자기계발이
행복한 노후를 만든다

1년 동안 매일 1%씩 성장한다면
나중에는 37배 더 나아져 있을 것이다.
- 제임스 클리어

가시에 찔리지 않고는 장미를 모을 수 없듯이 고통을 거치지 않고 얻어지는 성공은 없다. 50대부터는 다시 인생의 노를 저어보자. '강에서 물고기를 보고 탐내는 것보다 돌아가서 그물을 짜는 것이 옳다'라는 말이 있다.

앞날을 결정짓고자 하면, 옛것을 공부하라고 한다. 현재와 미래는 어떻게든 연결이 되어있다. 우리는 이제 정말로 신경 쓰는 것에 집중해야 하고, 그것들이 뛰어나도록 만들자. 시도해보지 않고는 누구도 자신이 얼마만큼 해낼 수 있는지 알지 못한다. 시도하는 것을 항상 갈망하며, 바보 같은 짓을 두려워하면 안 된다.

중년에게는 아직 희망이 있다. 우리는 행복한 노후를 위해서 젊을 때부터 준비해야 한다. 생각보다 많은 사람이 노후 준비는 엄두를 못 내고 살아가고 있다. 우선 건강부터 챙겨야 한다. 그런데 그게 말처럼 쉬운 문제가 아니다. 나이가 들수록 체력이 달리고, 자녀들에게 들어가는 돈도 만만치 않다.

통계청 조사에 따르면 노인 70% 이상이 노후대책은 엄두도 못 내고 막막하게 살아간다. 50대부터는 자식도 중요하지만, 철저하게 노후를 준비해야 한다. 중년부터 '노후'는 더 이상 남의 일이 아니다.

'고령화 시대'와 '100세 시대'에 걸맞게 살아나가지 않으면, 노인 2명 중 한 명꼴로 폐지를 줍거나 쪽방촌 신세가 될지도 모른다. 쪽방촌의 독거노인들은 집에 틀어박혀 좀처럼 밖으로 나오지도 않는다. 그리고 아예 외부와 연락을 차단하고 살아가는 노인도 많다. 그래서인지 활력 있고 건강하게 지내는 노인들을 찾아보기가 힘들다. 운동 부족과 외로움 등으로 건강을 해치거나 그냥 방 안에 송장처럼 누워만 있는 노인도 적지 않다.

'고독사'는 주변 사람들과 단절된 채 홀로 살다 아무도 모르게 생을 마감하는 것을 뜻한다. 고독사는 보통 홀로 사는 노인 가구 층에서 많았다. 점점 중장년층과 청년층의 고독사도 증가하고 있다.

계획이 없는 노후는 불안할 수밖에 없다. 50대부터는 노후 걱정 없이 살아야 한다. 계획 있는 노후는 절대 흔들리지 않는다. 수명이 길어지면서 제대로 시작하는 인생은 50대부터라고 생각한다. 100년의 인생 중에서 우리는 이제 후반전을 향해 달려가고 있다.

앞으로도, 남은 50년을 살아내려면 절대 녹록지 않을 것이다. 미래는 아무도 장담할 수는 없다. 미래에 펼쳐질 수 있는 문제 대부분은 황혼 이혼이나 각종 암 진단, 줄어드는 일자리일 것이다. 지출은 끝이 없는데 수입은 한정적이 된다.

우리 나잇대에서도 체감적으로 느껴진다. 그리고 대부분 자식은 가정을 꾸려 먹고살기 바쁘다. 잘살아주는 것만으로도 고맙다. 자식들도 먹고사는 데 급급해서 효도는 옛말이 되는 듯하다. 그래서 노후는 불안해하지 않을 수 없다.

노후를 망치지 않으려면 미리 준비해야 할 것이 있다. 바로 건강이다. 노후에 건강하지 않은 상태로 수명을 계속 이어가면, 자식들이 고통스러운 마음이 생길 수도 있다.

'건강수명'은 자신이 단순하게 얼마나 오래 살았느냐의 문제가 아니다. 사회생활을 하면서 건강하게 산 기간이 어느 정도인지 나타내는 지표다. 선진국에서는 '평균수명'보다 중요한 지표로 인용하고 있다. 건강수명은 평균수명의 삶의 질이라고 할 수 있는 건강상태를 반

영시킨 것이라고 할 수 있다.

50대에는 건강에 신경을 많이 써야 한다. 건강을 관리하기 위해서는 무엇보다 식습관이 중요하다. 과한 탄수화물 섭취와 고기류 섭취를 조금씩 자제해야 하는 세대다. 각종 채소부터 가볍게 먹을 수 있는 과일이 몸에는 가장 좋은 식품이다. 다소 부족한 듯한 맛이 건강에는 좋다. 하지만 어떤 음식이든 '과유불급'이다.

한국에서 재배되는 채소는 90~100여 종에 이른다. 무, 상추, 마늘, 머위, 미나리 등과 같은 고유 채소에 순무, 배추 등 중국에서 온 것과 양배추, 피망, 셀러리, 토마토 등 서양에서 온 것 등 그 종류는 다양하다. 채소는 열매채소, 잎채소, 줄기채소로 분류되는데 대표적인 뿌리채소는 감자, 고구마, 연근, 우엉, 천마, 무, 당근, 도라지 더덕 등이 있다. 쌈채소는 잎브로콜리, 당귀, 신선초, 쌈배추, 적(오크린), 적겨자, 적곱슬케일, 적근대, 적로메인, 적비트, 청겨자, 케일, 트레비소, 적치커리, 곤달비, 고추냉이, 부메부추, 곰취, 교나 등이 있다. 개인적으로 채소는 상추, 마늘, 양배추, 토마토, 감자, 고구마, 연근, 당근을 즐겨 먹고 있다.

한국에서 재배되는 과일은 사과, 수박, 복숭아, 포도, 감, 달래, 키위, 참외, 배, 귤, 모과 등이 있다. 나는 이 중에서 과일은 사과, 복숭아, 포도, 감, 귤을 좋아한다.

50대부터는 언제 어떻게 닥칠지 모르는 치매 예방을 위한 노력도 해야 한다. 치매는 나이와 상관없지만, 지금까지 건강하게 잘 살아왔으니 평생 괜찮을 거라는 방심은 금물이다.

치매 초기 증상은 기억력 장애로 시작된다. 기억력 장애가 없다면 치매라고 보기는 어렵다. 초기 치매 증상에서 나타나는 기억력 장애는 단기기억력의 장애다. 치매는 뇌 활동에 지속적으로 자극이 될 수 있는 독서, 바둑, 전자 게임이나 자신이 좋아하는 취미 활동을 일 1시간가량을 꾸준히 하는 것이 좋다.

정상 노인 30% 정도는 노화성 인지 감퇴증세로 고생하고 있다. 인지능력에 이상이 발견되면 6개월 간격으로 치매 진단 테스트를 해보자.

끊임없는 자기계발이 행복한 노후를 만든다. 자기계발은 치매 예방에 도움이 된다. 치매 환자 중에는 스스로 역할을 찾아서 해내고, 점점 문제 행동이 없어져 안정을 되찾는 사례를 볼 수 있다.

노인의 '역할 분담'은 치매 증상의 악화를 막는 데 십분 도움이 된다. 자신에게 할 일이 있고 누군가에게 도움이 된다고 느끼기 시작하면, 치매를 앓는 노인들은 표정이 좋아진다. 삶의 활력이 생기고, 매사 긍정적인 사람으로 변하기 시작하기도 한다.

노인이 할 수 있는 자기계발은 큰 글자로 제작된 책 읽기가 있고, 취미생활로는 노래교실이나 종이접기, 그림 그리기, 걷기운동이 있다.

　매년 새해 초에는 '올해 가장 하고 싶은 것이 무엇인가요?'라는 설문조사가 이뤄진다. 직장인들이 가장 손꼽는 1순위는 자기계발이다. 나는 언제든지 직장을 떠날 수 있는 준비가 되어있어야 본격적으로 자기계발을 시작할 수 있지 않을까 생각한다, '다음 달에 갑자기 퇴사하면 나는 뭐하지?'라는 고민을 진지하게 해봐야 한다.

　한 회사의 직원 입장이라면, 자의든 타의든 갑자기 퇴사하게 되는 경우가 많다. 갑작스러운 상황에 부닥치면, 홀로서기를 위해서 당장 무엇을 해서 먹고 살지 막막해진다. 퇴직 후의 휴식이 장기간이 될지 단기간이 될지 아무도 예측하지 못한다.

　예를 들어, 평범한 50대 부부라면 노후에 월수입 300만 원은 있어야 큰 걱정 없이 살 수 있을 것이다. 퇴직 후에 월 300만 원을 벌 수 있을지, 자산을 한번 점검해보는 것이 좋다. 그리고 퇴직에 대비해 미리 자기계발을 시작할 준비가 필요하다. 자기계발은 자신을 한 단계 더 성장시킬 수 있는 원동력이다.

"당신이 생각하는 자기계발은 무엇이라고 생각하시나요?"

모든 것은 마음 먹기에 달렸다

사사람이 사람다울 힘은 그의 의지에 있는 것이지,
재능이나 이해력에 있는 것이 아니다.
아무리 재능이 많고 이해력이 풍부하더라도
실천력이 없으면 아무 일도 할 수 없기 때문이다.
의지가 운명을 만든다.
– R.W 에머슨

코로나19 이후 등교 중단과 비대면 수업으로 초중고생의 교육격차가 커졌는지에 관한 'SBS 코로나 기획 여론조사' 결과가 있다. 2021년 7월에 시행한 '교육격차가 커졌나?'라는 조사에서 '그렇다'고 답한 사람이 72.3%고, '아니다'라고 답한 사람이 17.5%다. '모르겠다'는 무응답이 10.2%의 통계를 보였다. 교육격차가 가장 큰 이유에 관한 여론조사에서는 '부모경제력'이 40.9%, '소통한계'가 29.6%, '학습능력'이 15.5%, 교육 환경이 '10.1%'의 결과를 보였다. '사교육비 지출 늘었나?'의 조사에서는 '증가했다'와 '비슷했다'가 81.3%, '감소했다'가 14.6%가 나왔다. 사교육비로 가장 지출이 많이 늘어난 과목은 영어, 수학, 예체능 순이라고 한다.

　공교육의 공백을 기회로 삼아서 사교육에 집중하는 학생들의 실력이 더 좋아졌을까? 학원가에서는 조건과 여건에 맞는 상위권 10%의 학생들은 더 실력이 향상되고, 나머지 90%의 학생들은 소위 '들러리' 수준일 수도 있는 구조라고 말한다.

　나는 개인적으로 사교육은 거의 안 시킨 학부모 중의 한 사람이다. 사교육은 그냥 아이들에게 스스로 결정할 수 있게 했다. 아이들이 꾸준히 하고 싶은 것만 할 수 있게, 자유롭게 성장시키고 싶었다.

　나는 사교육을 하는 정도에 따라 아이의 성적이 좌우된다고는 생각하지 않는다. 혼자서 교과서만 보고 공부해서 서울대에 진학하는 학생도 있다. 아이가 집에서 잠들기 전까지 사교육으로, 소위 '뺑뺑이'를 돌린다고 성적이 전부 우수한 학생은 아니라고 본다. 아이가 인내심을 갖고 자발적으로 꾸준한 노력으로 성적이 향상되기도 한다. 그리고 가정이 안정적일수록 아이는 스트레스를 덜 받고, 마음에서부터 평화로움과 사랑이 깃들기 마련이다.

　대부분의 사교육은 학부모와 아이들의 진로 상담을 시작으로 출발한다. 공교육과 사교육 모두 스펙 좋고 인성까지 겸비한 훌륭한 선생님들의 지도로 초중고생들의 미래가 결정된다고 해도 과언은 아니다. 부모님의 사랑과 응원도 꼭 필요하다.

학원 상담은 성공적인 상담 방법을 정확하게 숙지하고 약간의 트레이닝만 하면, 곧장 상담에 임할 수 있고 원하는 성과를 낼 수 있다. 효과적인 상담으로 학원 실정에 맞게 발전해나가다 보면, 효율적인 학원 운영이 될 수 있다.

학원에서는 학교 성적이 부진한 아이를 기초 학습에 문제가 있어서 이해력이 부족하다고 판단한다. 상담 과정에서 아이의 부족한 부분을 이야기하면 학부모는 이해하게 된다. 학생이 진로 결정을 우선시한다면, 스스로 공부하며 열정적으로 매진하기도 한다. 그런데도 아이가 성적이 향상되지 않아 고민하는 경우라면, 직업적성검사로 아이의 진로 방향을 설계해주는 것이 좋다.

인생에서의 변화는 말투에서 시작된다. '말투'를 시작으로 모든 일이 발생한다. 한 사람의 사업 성공 여부는 15%가 그 사람의 지능에 달렸고, 나머지 85%는 인간관계의 능력에 달렸다. 누군가의 '말 한마디'는 나의 인생 자체를 바꿀 수도 있다.

사람들은 자신이 바뀌는 것을 원하기보다는 상대방이 바뀌길 원한다. 상대방이 바뀌면 나 자신이 편할 것으로 생각한다. 사람은 서로 틀린 것이 아니라 다르다는 것을 알아야 한다. 여러 인간관계에서 서로 심하게 의견을 제시한다면, 상대방은 귀담아듣지 않고 반발심이 생길 수 있으니 주의하는 것이 좋다.

누구나 잘 알고 있듯이 스트레스는 만병의 근원이다. 인생을 살아가면서 스트레스 없는 삶이란 있을 수 없다. 사람과 상황에 따라 감정 조절을 잘해서 스트레스가 쌓일 때마다 풀어내려고 애쓸 뿐이다. 스트레스가 지속될 때, 대부분의 사람은 나를 위한 소소한 선물로 쇼핑을 하거나, 좋아하는 음악을 듣거나, 문화생활을 하면서 돈을 쓴다. 스트레스가 쌓이면 나를 위해 적은 지출이라도 해야 직성이 풀린다.

인간관계와 일로 쌓이는 스트레스가 대부분이다. 그래서 그때그때 풀어내야 하는 악순환이기도 하다. 그러나 적절한 스트레스는 긴장감이 생겨 원활한 업무에 도움이 되기도 하고, 자신의 성장에 도움이 될 수도 있다. 살아오면서 숱하게 겪는 인간관계 중에서 가장 힘든 유형은 회피형과 떠넘기기형, 그리고 은근히 무시하는 유형이라고 생각한다.

많은 사람은 자신의 행동이 옳다고 판단한다. 자기주장이 강한 말다툼에서 이기기 위해서 우리는 서로에게 쉽게 상처를 준다. 상대방의 다친 마음은 안중에도 없는 유형이 생각보다 많다.

나는 모든 인간관계의 기본은 서로에 대한 배려라고 생각한다. 그리고 그 어떤 관계에서도 상대에게 만만하게 보이면 안 된다. 상대방에게 만만하게 보이지 않으려면, 공부가 답이다. 공부로 나를 더 성장시키면 된다.

'무식'하면 '무시'를 당하기가 쉽다. 서로 자기주장이 강한 말다툼보다는, 차분하고 논리적으로 대화할 수 있는 지식을 쌓는다면, 지금까지의 삶보다는 훨씬 나은 삶으로 변화할 수 있다.

'마음가짐'은 무언가에 도전할 수 있는 시발점이다. 모든 것은 마음에서부터 시작된다. 마음에서 결심이 서야만 무언가를 시작할 수 있다. 그 결심을 하기까지 고민만 하며 시간 낭비를 하고 있지는 않은지 한 번쯤은 냉정하게 자신을 되돌아볼 필요가 있다.

따듯한 음료는 서로의 마음을 여는 마법의 효과가 있다. 조용한 카페나 편안한 곳에서 서로의 눈을 응시하며 따듯한 차 한 잔으로 여유를 가져보자. 따듯한 차는 마음을 안아주고, 위로해주고, 차분하게 만들어주기도 한다.

정신없이 바쁜 일상에서 차 한 잔의 여유로 '소확행(소소하지만 확실한 행복)'을 느낄 수 있다. 소확행은 애정을 샘솟게 하고, 지인이나 친구들과의 우정을 돈독하게 만들 수 있다. 개인적으로 추천하고 싶은 차 종류가 있다. 커피, 녹차, 아이스티, 캐모마일, 허브티, 뱅쇼 같은 차다. 날씨와 계절과 아주 잘 어울리는 차라면 더욱 좋다.

원만한 인간관계든, 자기계발이든 노력해야 이뤄진다. 노력으로 배움의 성취감을 느끼고, 좋은 사람들과 인맥을 쌓아가다 보면, 자신도 모르게 달라지는 삶을 깨닫게 된다. 세상의 모든 일은 마치 시험을 치러서 통과해야 하는 것 같다. 시험으로 인간관계를 테스트받고, 자기계발로 결과물을 테스트받는 시험 말이다. 세상 참 어렵다.

인생은 50부터가 진짜 시작이다

이 세상에서 가장 중요한 것은
내가 어디에 있는지가 아니라
어디로 가는지를 파악하는 일이다.

– 올리버 웬들 홈스

'50'이라는 숫자는 '절반'을 의미한다. 뭔가 가득 찬 숫자인 것도 같지만, 나머지 50을 채워야 한다는 의미가 담긴 숫자다. 어느새 우리는 인생의 절반을 열심히 달려왔다. 나머지 50을 어떻게 채우느냐에 따라 인생이 완전히 달라질 수도 있다.

각자 주어진 인생에서 50이 주는 숫자의 의미를 생각해보자. 중년이라면 오롯이 자신을 위해 살아온 인생은 아마 없을 것이다. 50대에는 누군가의 남편이나 아내의 입장이 많다.

가족을 보살피며 가족을 위해 살아가는 사람도 있고, 자유롭게 나 자신을 위해 열심히 달려가는 사람도 있다. 어느 쪽의 인생이든, 각자 지켜야 할 사람은 존재한다. 지키고 싶은 사람이 가족일 수도 있고, 내게 있어 진정 소중한 사람일 수도 있다.

우리가 밤늦은 시각에 주로 찾게 되는 차 종류 가운데 카페인 성분이 가득한 커피가 있다. 따듯한 차 한 잔을 마시기보다는 잠을 깨기 위해 마시는 커피가 하루를 만든다. 초저녁 전까지 마시면 괜찮다는 사람도 있고, 밤에 잠이 안 와서 커피는 하루 한 잔만 마신다는 사람도 있다.

'하루 한 잔의 커피는 현대인의 센스'라는 우스갯소리가 있었다. 하루에 커피를 일곱 잔 마시던 여자가 했던 말이다. 물 대신 커피를 마신다는 커피 중독자다. 요즘은 하루 석 잔까지로 줄였다. 하루 석 잔의 커피는 탈모 예방에도 좋다. 또한, 하루 두 잔의 커피는 골밀도에 도움이 되어 뼈 건강에도 좋고, 골다공증 위험이 36% 정도는 감소한다.

개인적으로 커피는 크림이 들어가는 달콤한 다방 커피 스타일보다는 원두 성분의 커피를 선호한다. 우유나 식물성 크림이 들어간 커피도 텁텁함 대신 뒷맛이 깔끔하고 개운한 깊은 맛과 향이 있다.

시간은 누구에게나 똑같이 주어진다. 그 시간을 어떻게 쓰느냐에 따라 인생은 달라진다. 온종일 한숨만 푹푹 쉬면서 하릴없이 시간만 보내기 바쁜 사람도 예상보다 많다. 그리고 하루 24시간을 분배해서 일분일초라도 아깝다는 마음이 생기지 않도록 열정적으로 알차게 시간을 쓰는 사람도 많다.

날짜와 시간이 바뀌는 자정부터 새벽 시간까지는 대부분 수면 시간이다. 수면 시간을 줄여서 나의 성장을 위해 노력하는 사람도 있고, 아침 시간까지 늘어지게 잠만 자는 사람도 많다. 늦잠을 자는 사람은 주로 늦게 자고 늦게 일어나는 올빼미형이다. '올빼미형'은 프리랜서가 많다. 시간을 자유롭게 쓰면서 밤늦은 시각까지 일하는 사람이 대부분이다.

아무것도 하지 않은 채 나태한 마음 상태에서 그냥 하루하루 시간만 보낸다면 삶의 의미가 있을까? 50대에는 무언가에 도전한다는 것 자체가 '무모한 도전'이 될 수도 있다. 그러나 열정적으로 해낼 수도 있는 나이다. '나는 안 될 거야'라는 마인드는 버려야 한다.

부정적인 마음 상태는 부정적인 일을 부르고, 긍정적인 삶의 방식은 긍정적인 효과를 낸다. 자존감은 한없이 낮아지기만 하고, "되는 일 하나 없다"며 아이처럼 가족에게 투정 아닌 투정을 부리기도 쉽다.

정말 열심히 치열하게 살아온 50대다. 그런데도 직장에서 퇴사하기 쉬운 나이가 되었고, 어디에서든 그냥 써주기만 한다면 열심히 일할 의욕이 앞서기도 하는 나이다. 체력이 전보다 많이 달리는 나이지만, 마음만큼은 20·30·40대 못지않다. 꿈을 가졌다면, 열정을 잃지 않기를 바란다.

무언가에 도전하겠다는 굳은 결심으로 알찬 계획을 세우고도 작심삼일에 그치는 경우가 허다하다. 나는 '게으른 사람'과 '자꾸 미루는 사람'은 점점 멀리하게 된다. 게으르면 하는 것이 없어서 할 줄 아는 것이 거의 없고, 하고 싶은 의욕도 없어서 목표를 세우는 것 자체가 어렵다.

게으른 사람은 기본적으로 '귀차니즘'이 장착이 되어있다. 그리고 두려움과 불안함이 많다. 걱정도 마찬가지다. 부정적인 감정이 내재해 있기도 하다. 뭔가를 자꾸 미루는 사람은 인생이 걸린 중요한 문제가 아니라면 되도록 피하고 싶다. 그런 사람은 책임감이 결여된 경우가 많기 때문이다.

다양성으로 무언가를 배우려면 깊이 생각할 줄 알아야 한다. 자신이 진정 원하는 것이 무엇인지, 차분하고 진지하게 충분히 고민해야 한다. 꼭 해야 하는 것 외에는 배우고자 하는 마음이 앞서 성급하게 일을 진행하기보다는 하나씩 차근차근히 해보는 것을 추천한다.

하고 싶었던 것을 한 가지씩 하다 보면, 내가 진짜 좋아하는 것이 무엇인지 알게 된다. 꼭 돈을 써서 무언가를 배우라는 말은 아니다.

중년부터는 크고 작은 지출이 심심찮게 생기기 마련이다. 대부분 가족을 위한 지출이다. 하지만, 뜻하지 않게 큰 지출이 생길 수도 있어서 수입보다는 지출이 많아질 수도 있다.

　무작정 바로 돈을 쓰는 것보다 하고자 하는 것을 위해, 그리고 나의 성장을 위해서 기초부터 튼튼히 다지는 마음으로 초심으로 돌아가자. 그렇게 원하는 분야의 공부를 시작해보자.

　우리는 어느새 인생의 반을 달려왔다. 50대는 편안함과 안정감도 있고, 자녀가 제법 성장해 오롯이 나를 위해 무언가를 적극적으로 시작할 기회의 나이다.

　50대부터는 삶의 목표가 명확해야 한다. 어느 누구의 인생이 아니다. 바로 당신의 인생이다. 한 번쯤은 나 자신을 위해 살아봐야 하는 나이다. 나를 성장시키려면, 이제는 누구의 방해도 용납해서는 안 된다. '나 자신을 위한 삶'만이 자신을 성장시키고 내 삶의 변화를 부른다.

　나이가 들어간다는 것은 경험이 쌓여간다는 뜻이다. 소위 '나잇값'을 못하는 사람도 많은 세상이다. 경험이 많을수록 삶의 지혜는 늘어나기 마련이다. 그러나 저마다 처한 환경이 있어서 나이를 먹을수록 경험이 많아진다고 단정 지을 수는 없다. 세상을 헤쳐나가려면 기본적으로 현명함은 필수다. 지금부터라도 '가족과 타인이 기대하는 나'가 아닌, '자신이 원하는 대로 살아가는 나'로 살아가기를 바란다.

50대 인생의 삶의 지혜에 있어서 '나'에 대해 중요한 단 한 가지는 '내 생각'이다. 인생 '되감기'는 없다. 앞으로 나아가며 배울 뿐이다. 당신이 '인생'이다. 다른 사람들이 기대하는 대로가 아니라 당신이 원하는 대로 살아라. 고통이 있다면, 고통을 진정시켜라. 대부분의 문제는 인생을 변화시킬 만큼 파괴적인 사건은 아니다. 상황은 언제든 악화할 수 있다. 날마다 '축복'이다. '건강'을 가졌다면 진정 모든 것을 가진 것이다. 지식과 지혜는 축적된다. 세상을 더 나은 곳으로 만드는, 당신이 알고 있는 것을 '공유'하라.

태어난 모든 인간은 저마다 자신의 몫에 변화가 있기 마련이다. 가장 현실적인 사람이 가장 이상적인 삶을 살 수 있다. 현실적인 세상에서 지극히 현실적인 삶을 살아간다면, 삭막하고 팍팍하게 느껴질 수는 있다. 하지만 세상에 맞게 살아나가야 한다. 때로는 삶이 나를 속일지라도 말이다.

50대부터는 자신의 얼굴에 책임을 져야 한다

스무 살에 잘생기지 못하고, 서른 살에 힘세지 않고,
마흔 살에 돈 못 벌고, 쉰 살에 현명하지 못하면,
결코, 잘생기거나, 힘세거나, 돈 벌거나, 현명해질 수 없다.
– 조지 허버트

50대부터는 속도가 아닌 방향이다. 50대는 만들어진 나를 지우고, 원래의 나로 되돌아가야 한다. 50세쯤 되면 세상이 어떻게 돌아가고 있는지 어느 정도는 파악할 수 있다. 인생의 절반이자 반환점인 50에서 과연 우리는 무엇을 준비해야 할까?

흔히 '50대부터는 많은 부분을 내려놓아야 한다'라고 말한다. 두루뭉술하게 살아가는 방향이 좋기는 하겠지만, 한 번 내려놓기 시작하면 쉬이 의욕을 잃기 쉽다. 갈수록 자신감도 없어지고 자존감도 떨어지기가 쉽다.

세상에서 가장 어려운 것이 마음을 다스리며 살아가는 것이다. 마음은 다스려지는 것이 아니다. 그때그때 스트레스를 해소하듯 마음도 잘 풀어나가는 것뿐이다. 나이를 '50'이라는 프레임을 두는 순간, 우리는 그 안에 갇혀버린다.

50대부터는 대화에도 격이 있어야 하고, 말에도 공부가 필요하다. 그러려면 다양한 분야의 지식이 있어야 한다. '격' 있는 대화를 위해서는 품격 있게 말하는 연습도 해야 한다. 사람을 상대로 사람과의 대화가 필요하다면, 사람에 관한 공부도 해야 한다.

사람을 파악하기 위해서는 상대방을 깊이 있게 들여다볼 줄 아는 눈을 키워야 한다. 사람의 깊이를 알아보려면, 수많은 사람을 일일이 만날 수는 없으니 책과 자료가 필요하다. 책으로 사람 보는 안목을 기르고, 그 사람의 이야기로 인생 공부도 하면, 격 있는 대화를 할 수 있다.

50대부터는 지루해할 수 있는 능력을 키워야 한다. 급변하는 세상 속에서의 중년의 자리는 폭이 넓지가 않다는 것을 인정하는 지혜가 필요하다. 부담 없이 시작할 수 있는 소소한 즐거움이 삶의 활력이 되어준다.

어떤 일을 하든 좋은 결과를 얻기 위해서는 무엇보다 자기 자신에게 '좋은 결과를 얻을 것이다'라고 끊임없이 이야기하는 것이 중요하다. 그것이 자신감을 낳고, 좋은 결과로 이끌어준다.

몸과 마음에도 좋은 습관을 길러야 한다. 먼저, 몸에서 보내는 신호에 귀 기울이자. 그리고 음식을 먹을 때, 최소한 스무 번 이상은 충분히 씹어서 섭취하자. 또 과식하지 않고 소식할 수 있도록 해야 한다. 중년의 우울증이나 갱년기는 적극적이고 긍정적인 사고로 웃으며 활력 있게 보낼 수 있도록 의식적으로 노력해야 한다.

가정환경이나 각자 처한 환경에서 '50대의 얼굴'은 존재한다. 그냥 인생을 열심히 살아왔는지, 매 순간 최선을 다했는지, 편안하게만 살았는지, 마음고생은 없었는지 등이 얼굴에 고스란히 드러나기 마련이다.

얼굴이 예쁘고 못났고, 잘생기고 못 생기고의 문제를 말하는 것이 아니다. 이제부터는 자신의 얼굴에서 느껴지는 인생의 희로애락에 책임을 질 수 있어야 한다. 얼굴을 값비싼 화장품이나 시술, 성형으로 가꾼다고 해서 '마음의 피부'가 좋아지는 것은 아니다. 그리고 명품을 사들인다고 해서 그늘진 얼굴에 웃음이 가득 피어나는 것도 아니다.

'여자는 80세가 되어도 여자'라는 말이 있다. 아마 100세가 되어도, 여자는 여자일 것이다. 남자에게 끊임없는 관심과 사랑을 받고 싫어 하는 것이 여자의 심리다. 여자는 머리끝부터 발끝까지 전부 돈이라고 해도 과언이 아니다. 자기만족을 위해 꾸미는 여자도 있다. 하지만 '세상에 남자가 없으면 여자는 화장도 않을 것'이라는 말도 있다. 그래서 아름다움은 여자만의 특권일 수 있다.

중년부터는 외모보다는 내면의 아름다움에서 50대의 얼굴이 나타난다. 가꾸지 않는 외모보다는 조금이라도 가꾸며 젊게 살아가는 중년이 더 아름답게 보이는 것은 사실이다. 하지만 진정한 아름다움은 자연스러운 외모에서 풍기는 내면의 아름다움이 아닐까?

내면의 아름다움은 돈으로 살 수 없다. 올바른 인성과 박학다식이 필요하다. 마음의 아름다움은 얼굴에 고스란히 드러나기 마련이다. 외적인 모습만 가꾼 사람은 무언가 불안정해 보이거나 인공적인 느낌이 강하거나 사람에 따라 추해 보이기가 쉽다.

우리는 인생의 반을 달려왔고, 조금씩 노화가 시작되고 있다. 한껏 치장한다고 해서 마냥 예뻐 보이지 않는 나이라는 뜻이다. 진정 아름다운 사람은 내면을 가꿀 줄 아는 사람이다. 그리고 말투에서도 그 사람의 참모습을 알 수 있다. 무의식중에 튀어나오는 말부터 한두 마디만 들어봐도 어느 정도는 그 사람이 보인다.

예로부터 '표정은 인간의 마음을 비치는 거울'이라는 말이 있다. 직접적인 표정을 상대방의 표정에서 읽어내지 못하기도 하고, 꾸며

낸 표정으로 상대의 가려진 본심을 알아보지 못하기도 한다. 하지만 '마음의 거울'이라는 눈은 거짓말을 못 한다.

요즘은 중년의 나이에도 남들의 시선이나 말은 개의치 않고 주야장천 외적인 면만 가꾸기에 급급한 사람도 어렵지 않게 볼 수 있다. 자신의 취향은 무시하고 유행을 좇아 외모만 신경 쓰기에 여념이 없다. 이런 사람은 마음속에 늘 고독감이 있고, 정서도 불안한 예가 많다.

스트레스를 쇼핑이나 먹거리로 풀어서 자기만족에 빠지는 사람도 많다. 나도 먹는 것을 너무 좋아한다. 외모를 꾸미는 것에는 그다지 큰 관심이 없다. 그래서 지방만 늘어나는지도 모르겠다. '편식 독서'만 많이 했는지, 늘어나라는 지식은 안 늘어나고 지방만 늘리며 나잇살이라고 핑계를 대기도 한다.

50대에는 30대와 40대보다 누군가를 만나는 횟수도 정기모임이 아니면 확연히 준다. 50대에는 슬슬 꼭 필요한 것만 하고 싶어지고, 하릴없이 시간 낭비하는 것이 귀찮아진다. 이제는 취미와 특기를 통한 자기계발로 '자신만의 얼굴'을 만들 시기다.

'눈은 마음의 창'이라고 했다. 마음을 단단하게 해주는 책을 벗 삼아 읽다 보면, 눈이 바뀌고 자신의 얼굴이 조금씩 온화해지고 차분해지지 않을까 생각한다. 줄곧 하고 싶어도 차일피일 미뤘던 취미생활을 하는 것도 에너지 넘치는 생기있는 얼굴로 바꾸게 할 수 있다.

50대에는 눈앞에 자유의 시간이 펼쳐지기 시작한다. 자유가 시작되었을 때, 인생을 가치 있게 즐겨보자. 삶의 시각과 방향이 분명 달라질 것이다. 지루함을 즐기기 시작하는 순간, 어떤 위기에 봉착했을 때, 슬기롭게 이겨낼 힘을 발휘한다.

미국의 성격심리학자이자 사회심리학자 올포트는 건강한 성격을 성숙한 성격이라 여겼고, 성숙한 성격의 특성에 관해 연구했다. 20세기 초에 성립된 이론임에도 그가 말한 미성숙한 성격과 성숙한 성격의 차이는 현대인의 특성에서도 찾아볼 수 있다. 험담을 일삼고, 속이 좁으며, 관계를 제대로 형성하지 못하는 사람은 성숙해질 만한 경험을 제때 많이 하지 못한 사람이다. 올포트는 모든 개인의 행동과 생각이 인생 전체의 산물이라고 강조했다. 즉, 개인의 사상은 과거와 현재의 결실이며, 인간이 자유 의지를 가졌다고 것과 같다.

행복은 성적순이 아니잖아요?

<blockquote>
이 슬픈 세상에서 슬픔은 누구에게나 찾아온다.
슬픔을 완전히 해소할 방법은 시간밖에 없다.
사람들은 시간이 지나면 괜찮아질 것이라는 사실은 당장에 깨닫지 못한다.
그러나 이것은 실수다. 우리는 반드시 다시 행복해진다.
– 에이브러햄 링컨
</blockquote>

나는 아직도 '아버지, 어머니'라는 호칭보다 '아빠, 엄마'라고 부른다. 밝은 성격이고 무뚝뚝하지는 않지만, 애교가 없다. 엄마를 닮을 듯하다. 우리 엄마는 70대 중반인데, 여느 옛날 분들처럼 보수적인 사고방식의 소유자다.

그런데 곧 여든을 바라보는 아빠는 젊은 마인드를 갖고 계셔서인지 나보다 컴퓨터도 잘하신다. 독학으로 도장 기술에 활자 교정까지 해내시는 분이다. 당신 혼자, SNS에 릴스(짧은 동영상)도 척척 올리신다. 아버지도 알아주는 명문고 출신으로 전교 3등을 하셨다고 한다.

요즘 흔히 말하는 '지름신' 강림처럼, 공부는 '찍신' 강림이다. 나는

50부터 시작하는 공부의 즐거움

사실 공부에 별다른 관심이 없었다. 나는 '찍신'이 강림하느냐 아니냐에 따라 성적이 들쑥날쑥했다. '공부 머리는 엄마 닮는다'는 말이 맞나 보다.

나는 유년 시절에 해마다 눈이 내리기 시작하는 겨울이면, 동네 아이들과 눈이 제법 쌓여서 쉬이 녹지 않는 응달로 달려갔다. 엄마는 잃어버리지 말라고 목에 걸고 다닐 수 있는 벙어리장갑을 사주셨는데, 남동생들은 꼭 한 짝씩 잃어버리고 다녔다. 동생들의 장갑과 양말은 늘 발이 달렸던 것 같다.

큰동생은 '동상에 걸리면 어떡하나' 싶을 정도로 자주 맨발로 쏘다니던 동네 골목대장이었다. 참 개구쟁이였다. 우리 삼 남매는 눈을 손에 쥐고 꾹꾹 눌러서 주먹밥처럼 눈덩이를 만들어 여기저기 잘도 던졌다.

그 당시 어린이 모델 선발대회가 있었다. 동네 어른들이 큰동생을 많이 추천하셨다. 큰동생은 뽀얀 얼굴에 양쪽 보조개가 움푹 들어간 꽤 똘똘한 외모의 소유자였다. 지금은 그냥 40대 중후반의 평범한 아저씨가 되었지만, 다섯 살이던 큰동생은 여름에 맨날 발가벗고 다녔다. 엄마는 세 살이던 막냇동생에게 신경을 많이 쓰고 계셨다. 큰동생은 바퀴 달린 어린이 자동차를 발가벗고선 잘도 굴리고 다녔다. 나는 누나랍시고 반강제로 뒤에 타서 동네를 누비며 따라다녔다.

가끔은 우리 삼 남매의 귀엽던 어린 시절이 그리울 때가 있다.

어릴 적에는 자매가 있는 친구들이 부러웠다. 자매들은 서로 원하는 옷을 입겠다고 다투며 울고, 심하면 머리채까지 잡고 싸운다고 했다. 성인이 될 때까지도 언니든 여동생이든 있으면 좋겠다고 자주 이야기하곤 했다. 사춘기 시절에는 '어른 언니'가 있으면 장녀의 무게감도 덜할 거라는 생각도 했다.

부모님은 삼 남매를 강하고 올바르게 키우려고 애쓰셨다. 다행스럽게도 누구 하나 엇나가지 않았다. 아빠보다 엄마가 매우 엄하셨다. 우리 집에는 통금 시간이 있었다. 통금이 자정이라면 얼마나 좋을까? 성인이 되어서도 삼 남매의 통금 시간은 밤 9시였다. 난 밤에 친구들도 편하게 만날 수가 없었다. 삼삼오오 만나서 밤에 뭐라도 먹고 있으면, 어김없이 엄마에게 전화가 왔다. 친구들이 내 눈치를 상당히 많이 봤다. 오랜만에 만나서 술을 먹다가도 술잔을 뺏고 "빨리 집에 가!"라고 했을 정도였다. 엄마한테 혼나는 것이 너무 싫었다. 안 취하려고 술잔 세어가며 마실 수밖에 없었던 이유기도 했다.

통금은 학원 일을 할 때도, 결혼 전까지도 있었다. 학원이 밤 9시나 10시에 끝나면, 밤 11시까지였다. 회식이 있어도 자정을 넘기면 안 되었다. 가끔 통금을 어기고 새벽 1시나 2시에 들어가게 된 날이 있었다. 나는 아파트 입구에서부터 불안했다. 엄마의 엄청난 말들이 예상되었기 때문이다.

정신적인 스트레스가 많았다. 나는 십수 년 된 절친의 집에서도 아예 못 잤다. 부모님들도, 동생들끼리도 다 아는 친한 집이었는데도 말이다. 대신 친구들이 집에 와서 자는 것은 허락해주셨다. 외박은 상상도 할 수 없었다. 늦게 들어가고 싶을 때는 작정하고 신나게 놀다가 새벽에 친한 언니나 동생을 집으로 데려가서 재우기도 했다. 그럴 때는 무사히 넘어갔다. 그래서 내심 집에서 빨리 벗어나고 싶었다.

우리 집보다 더 심하게 엄한 친구도 있었다. 그 친구는 맨날 엄마한테 두들겨 맞고도 항상 늦게 들어가고 술을 좋아했다. 엄마와 기 싸움이 심했던 친구였다. 간밤에 많이 울어서 퉁퉁 부은 얼굴을 보고 "괜찮냐?"라고 물어보면, "그냥 개겨"라고 말하던 친구다.

흔히 남자가 여자에게 프러포즈할 때 쉽게 쓰는 말이 있다. "나랑 결혼하면 손에 물 한 방울 안 묻히고 살게 해줄게"라고 한다. 이런 프러포즈가 여자들에게는 솔깃할 수도 있다. 간혹 결혼이 무슨 그냥 단순한 이벤트 행사쯤으로 생각하는 사람도 있었다.

여자에게 있어 결혼은 환상일 수도 있겠다. 아무것도 모르는 맑은 소녀에서, 사춘기를 거쳐 성인이 되고 나름 괜찮은 남자를 만나면, 여자들은 크게 어렵지 않게 결혼이라는 열차에 올라타게 된다.

나는 비교적 이른 나이에 결혼했다. 주위에서 혼전 임신 아니냐는 의혹의 눈초리도 있었다. 나는 어렸을 적부터 단 한 번도 외박이 허락되는 가정환경이 아니었고, 공식적으로 허용된 외박은 중학교 때 수학 여행 말고는 없었다. 결혼하면 자유롭게 지낼 줄 알았다.

결혼하고 안정적으로 학원 일을 계속했다. 그리고 한 3년 후쯤 큰아이가 태어났다. 아이들의 출생일로 보면, 나는 우리 세대의 평균적인 나이에 결혼한 것이다. 주위의 육아맘들도 그런가 보다 했다.

고등학교를 막 졸업하고 스무 살이나 스물두 살쯤 출산한 여자들이 모이면, 자신이 무슨 죄라도 지은 것처럼 스스로 자신들의 결혼에 관해 설명하기 바쁜 모습이었다. 대학교를 졸업한 여자들의 한심한 눈빛을 읽었기 때문이었을 것이다.

모성애도 아주 중요하다. 한 마디로 여자가 이기적이거나 냉정하면 원만한 결혼생활이 어렵다는 뜻이다. 자신의 행복은 자신이 만들어 간다. 흔히 중년들이 '소싯적에 잘 안 나가본 사람은 없다'라고 입버릇처럼 하는 말이 있다. 저마다 각자의 위치에서 너나 할 것 없이 다들 잘 나갔다. 소싯적에 공부를 꽤 잘했다는 사람들이 결혼생활도 잘한다는 보장은 없다. 결혼은 지극히 현실이다.

그 시절에 우리 엄마는 이렇게 말씀하셨다.

"결혼은 솥뚜껑에 밥해 먹는 현실이다."

"행복은 성적순이 아니잖아요?"

1990년대 청소년영화의 제목이기도 하다.

50대의 공부가 100세 인생의 성공을 좌우한다

궁금증을 풀고 싶다면, 어느 주제에 대한 것이든
호기심이 발동하는 그 순간을 잡아라.
그 순간을 흘려보낸다면, 그 욕구는 다시 돌아오지 않을 수 있고
당신은 무지한 채로 남게 될 것이다.

– 윌리엄 와트

50대가 되면 지금껏 자신이 발전하려고 했던 마음만으로는 인생을 살아내기가 힘들다고 느낄 수 있다. 요즘은 혼자서 살아가는 사람들이 꽤 많다. 특히 코로나19 이후에 혼자서 시간을 보내는 사람이 엄청 늘었다. 1인 기업과 1인 가족, 혼자서 하는 여러 가지의 활동들로 나도 모르게 외로움에 병들어가고 있다. 누구라도 갑자기 외로워지면, 면역력이 떨어지고, 몸이 조금씩 아프기 시작한다. 혼자 살면 일찍 죽을 확률이 높다. 사람들은 인간관계로 스트레스를 쉽게 받는다. 하지만 항상 함께하고 소통하는 것이 외로움을 해결해주고 면역력을 높이는 방법이다.

나이가 들어서 걷기와 마라톤을 즐기는 사람들이 많다. 특히, 마라 톤을 즐기는 사람 중에 중년을 넘어선 사람들의 성공 비율이 높다. 중년은 살아낸 과정에서 인내심과 끈기를 배웠다. 그리고 젊은 사람 들처럼 급하게 서두르는 일이 드물다. 그래서 눈과 머리로 기억하는 것은 쉽게 잊지만, 몸으로 기억한 것은 쉽게 잊히지 않는다.

사람의 기억력은 나이가 들수록 후퇴하지만, 기록은 하면 할수록 내공이 쌓인다. 중년이 되면 이미지 트레이닝이 효과적이라고 한다. 낯선 일에 익숙해지는 연습이 필요하다. 예상되는 일의 전개 과정, 난관, 문제점 등을 머릿속으로 상상해보자. 그러면 크게 어렵지 않게 행동으로 이어진다.

부자나 성공한 사람들은 모두가 자신이 운이 좋았다고 말한다. 그 런데 어떻게 하면 운이 좋아지는지, 타고난 운이란 것이 있는지, 성 공의 운은 따로 있는 것인지 궁금할 때가 있다. 어쩌면 운이란 것은 매우 단순한 것일지도 모른다.

우리는 대부분 금수저가 아니다. 10만 명 중에서 1명 정도만 금수 저가 아닐까 생각한다. 돈 걱정 없이 사는 것이 금수저라면 말이다. 우리도 노력 여하에 따라 후천적, 정서적, 경제적으로 금수저가 될 수 있다. 자신의 인생을 바꾸고 싶다면 악착같이 덤벼야 살아남는다. 도전할 수 있는 마음만 확고하다면 얼마든지 도전할 수 있다. 자신의 성장을 위해 도전하는 사람이 진짜 금수저가 아닐까?

주위 환경을 결정하는 대부분이 돈이 없으면 생각할 수가 없는 세상이다. 집에 있는 수많은 물건에서부터 공부, 결혼, 육아도 돈이 있어야 가능하다. 돈이 많으면 인생이 달라지는 것은 사실이다. 돈은 많으면 많을수록 인생이 바뀐다. 한 사람과 돈이 연결되어 동등하게 판단하는 것이 중요하다.

앞으로 당신이 만나게 될 수많은 사람이, 당신이 마주할 수많은 일이, 당신이 걷거나 운전을 하며 보게 되는 수많은 광고와 풍경이 당신의 성장을 위한 계기가 될 수도 있다. 성장하고 싶으면 책임져야 하는 일이 많을수록 좋다. 옛날에는 아이를 많이 낳으면 일이 잘 풀린다는 웃지 못할 이야기가 있을 정도다.

직원이 많을수록 더 크게 성장한다는 사장도 있다. 회사의 성장 과정은 힘들지라도 미래를 내다보고 자신의 이익보다 직원 관리를 더 중요하게 생각하는 사람이 결국 성공하게 될 확률이 높다. '사람이 재산'이라는 말이 있다. 지혜롭고 현명한 승리자가 진정 성공하는 사람이라고 생각한다.

50대에 받는 성적표가 있다고 하자. 나는 몇 점인지 점수로 매겨 본다면 30점을 주고 싶다. 50점의 기준에서 아쉬운 20점은 틀에 박힌 공간에서 크게 벗어나지 못하고 주로 정적인 일상을 살아왔다는 점이다. 80점의 기준에서 아쉬운 50점은 건강에 대해 안일하게 생각해왔다는 것이다. 다이어트는 악순환이다. 떨어지는 기초대사량을 중년의 나이라는 핑계로 나잇살을 앞세우고 있다. 그리고 갈수록 자신감이 없어진다. 다들 비슷한 삶이 아닐지. 100점이 기준이라면 나는 70점이 실패일 수 있다. 대부분 중년의 최고점이 100점이라면, 나는 자신을 잘 챙기지 못하는 삶을 살아왔다고 생각되기 때문이다.

어떻게 보면, '성공한 사람들에게 배워야만 성공한다'라는 것은 정답은 아닐 수 있다. 어떤 사람은 "일찍 일어나야 한다"라고 하고, 또 어떤 사람은 "늦게 일어나도 성공하니 깨어 있는 시간에 열정적으로 최선을 다하라"라고 말한다.

처음부터 너무 무리하게 계획을 세우지는 말자. 어떤 방식이든 꾸준함이 답이다. 서로의 질서를 존중하는 것이 좋다. 한 번에 두 마리 토끼를 쫓을 수는 없다.

당신의 생체리듬은 중요하다. 생체리듬은 하루 24시간을 주기로 일어나는 생체 내의 과정이다. 24시간 주기의 리듬은 단세포 생물부터 동물과 식물에 이르기까지 모든 생명체에서부터 발견되는 현상이다.

생체리듬의 역사는 기원 4세기 전으로 알렉산더 대왕 시절에 원정

대를 이끈 선장이 남긴 것으로 시작되었다. 프랑스의 천문학자 드 마랭은 '미모사'의 잎이 낮에는 벌어지고, 밤이 되면 건드리지 않아도 접힌 채 늘어지는 현상을 관찰했다.

인간은 사회적인 동물이다. 사람도 마찬가지가 아닌가. 새벽에 일어나는 새벽형은 늦은 오후부터는 서서히 지치거나 점점 더 에너지가 살아나기도 하고, 새벽이나 이른 아침에 깨기 힘든 저녁형은 늦게 일어날수록 에너지가 샘솟기도 한다.

기회를 잡으려면 항상 준비되어있어야 한다. 나 자신이 할 수 있는 일에 시간을 들이자. 한정된 시간을 어떻게 관리하고, 하려는 일에 어떻게 집중하느냐에 따라 인생은 크게 달라질 수도 있다. 시간 활용은 중요한 과제다. 이제는 모두가 자기계발의 중요성을 강조하고 있다. 틈만 나면 자기계발에 시간을 쏟아부어야 한다고 말한다.

자기계발은 '다른 사람이 되고 싶다, 더 건강하게 오래오래 살고 싶다'라는 욕구에서 시작된, 나도 모르는 본능과도 같다. 자기계발은 피할 수 없는 행동과도 같다. 경쟁과 노력, 욕망을 토대로 한 자기계발은 일반적으로 한계가 있다. 이어가기도 쉽지 않을 뿐만 아니라 그것을 달성했을 때, 또 다른 욕망이 생기기 마련이다. 자기계발에 대한 욕구는 사랑이다. 나에 대한 사랑이 자기계발의 시작이다.

어쩌면 '죽지 못해 살아간다'라는 말은, 곧 60세를 바라보는 50대 중후반의 중년들과 100세 인생을 바라보는 어르신들의 습관적인 이야기일 수도 있겠다. 좌절하지 않고 죽을 각오로 무엇이든 시작해본다면, 결국 당신은 성공할 수 있다.

중년의 나이부터는 걸리적거리는 일들이 확연히 줄어든다. 만약, 후회만 하던 인생을 살아왔다면, 지금부터는 인생의 새로운 목표를 잡길 바란다. 세상이 변했다. 지금은 '100세 시대'가 아닌가. 마음은 계속 공부하고 싶었지만, 미루고만 있었던 것들을 하나씩 시작해보자. 우리는 이제 겨우 인생의 절반을 달려온 나이다. 어떤 공부에 몰두하고 있는 자신을 상상만 해도 절로 미소가 지어진다면, 당신의 인생은 이미 성공한 인생이다. 월리 페이머스 아모스는 '인생은 거울과 같으니, 비친 것을 밖에서 들여다보기보다 먼저 자신의 내면을 살펴야 한다'라고 했다.

PART 3   의욕만 있다면
배움에는
돈이 들지 않는다

배움을 단단하게
만들어주는 독서를 하라

지금 적극적으로 실행되는 괜찮은 계획이
다음 주의 완벽한 계획보다는 낫다.
- 조지 패튼

하루에도 엄청난 양의 책이 쏟아져 나오고 있다. 어차피 세상의 모든 책은 읽을 수가 없다. 한 달에 한 권의 책을 읽는다고 할 때, 강도가 센 책을 읽으면 언어능력의 효과가 강해진다. 사람은 배우면서 변화할 수 있다. 변화하려는 결심 없이는 변화하지 않는다. 새롭게 배우고 새롭게 변하면, 더 멋지고 원하는 인생을 살 수 있다. 내가 잘하는 것이 무엇인지 스스로 깨닫는 것에서부터 성장은 시작된다.

무언가를 이루고 내가 원하는 삶이 되려면, 무엇보다 '배움'을 단단하게 만들어주는 독서가 필요하다. 방대한 분량의 책을 다 읽어야 한다는 부담감이 앞서기 시작하면 수박 겉핥기식의 독서가 되기 쉽다. 배움을 원할 때는 자신이 추구하고자 하는 방향에 맞는 관련 도서를 시작으로 책을 가까이하는 방법이 좋다. 독서를 하다 보면, 더욱 넓고 깊게 생각할 계기를 발견하게 된다. 책으로 꿈과 성공, 변화와 도전, 사고의 힘을 키울 수 있다.

　나는 새벽형 인간에 가까운 아침형 인간이다. 일어나서 독서를 하는 것만으로도 공부가 된다. 수박 겉핥기식의 독서가 아니라면 책은 읽을수록 지식이 쌓이기 마련이다. 성장을 위해서 독서는 필수다. 아침에 눈을 떠서 곧바로 독서를 한다는 것은 쉽지 않다. 다시 누워서 잘까 싶기도 하고, 눈앞에는 밀린 집안일이 산더미 같다. 그런데도 오롯이 책을 읽을 수 있는 시간을 만들어야 한다.

　바쁘고 정신없는 일상 속에서 더욱 다양한 지식을 습득하려면, '속독법'으로 두세 배 빠르게 독서를 할 수도 있다. 일에 필요한 노하우를 속독으로 업무효율도 극대화할 수 있다. 굳이 속독법으로 책을 빨리 읽어야 한다는 생각보다는 한 권이라도 완독해야겠다는 결심으로 책을 읽기 시작한다면 배움에 도움된다. 아무래도 찬찬히 읽는 독서가 기억에 오래 남기도 한다.

　책을 읽으면 집중력 강화에도 좋다. 하고 싶었던 공부도 조금씩 다시 시작할 수 있는 동기부여가 되고, 어느새 나도 모르게 공부에 집중하고 있는 것을 발견하게 된다. 책은 쉽고 흥미로워야 하고, 자신에게 있어 만만한 책이 좋은 책이라고 한다. 독서의 효과는 사고력 향상이다. 3시간짜리 책을 읽는다면 3시간 동안 생각하는 것과 같다.

여러 독서법 중에 가장 좋은 독서법은 '정독'이다. 책은 속독하면 안 된다고 강조하는 전문가도 있다. 책은 빨리 읽을수록, 생각을 그만큼 빨리한다는 뜻이라고 한다. 책은 한 권 한 권 천천히 읽으라고 강조한다. 독서의 과정 자체는 빠를 수가 없다.

독서 능력이 높은 사람은 책을 읽다가 멈추는 능력이 뛰어나다. 초보 독서가는 책을 읽다가 잘 모르는 부분이 나오면, 자료를 찾다가 시간을 낭비하게 되는 경우가 있다. 하지만 독서를 많이 해온 독서가는 금방 다음 단계로 이어간다. 그림책 한 권도 읽는 법에 따라 독서의 레벨이 달라진다.

책을 '잘' 읽기 위해서는 책에 대한 고정관념을 버려야 한다. 나는 어렸을 적에는 책을 멀리했다. 그러다 공부를 시작하면서 지식을 보완하고자 책을 읽는다는 것을 SNS에 알리기 시작했다. 자꾸 한 권씩 올리다 보니 매주 한 권씩의 책을 읽게 되었다. 처음에는 1~2년 정도 책을 읽겠지 했는데 어느새 4년이 넘었다.

음식을 많이 먹으려면, 일단 많이 해 먹거나 주문해서 먹어야 한다. 이렇듯 책을 많이 읽으려면, 일단 책을 많이 사야 한다. 책이 쌓여 있어서 손이 잘 안 가게 되더라도 그냥 아무거나 한 권 들고 자투리 시간에 읽기 시작하면 된다. 3개월 정도 자투리 시간에 읽는 습관을 들이면 자연스럽게 책이 가까워진다. 그리고 가방 속에 한두 권의 책은 필수다.

독서가 '다독'으로 갈 수 있는 지름길은 하루 30분이면 충분하다. 매일 30분씩만 책을 읽는다는 생각으로 접근하면 시간이 그다지 부담스럽지는 않을 것이다. 자투리 시간을 모아서 30분을 만들거나 한 자리에서 그냥 30분을 읽어도 좋다.

책 읽는 독서법 중에 음독, 시독, 묵독이 있다. 음독은 소리 내어 읽는 독서법인데 글자 하나씩 낭독하는 가장 기초적인 독서법이다. 글자에 초점을 두고 읽다가 점점 큰 틀이 인지되어 글을 더 유창하게 잘 읽게 되는 장점이 있다. 시독은 문장을 이미지화해서 빠르게 읽는 독서 방법이다. 묵독은 중얼거리면서 읽는 방법이다. 개인적으로는 주로 눈으로 읽다가 졸리거나 살짝 잡생각이 파고들 때 묵독을 하기도 한다. 묵독을 하다 보면, 어느 순간 다시 집중해서 눈으로 읽고 있는 나 자신을 발견할 때가 많다.

우리의 학습 속도를 2~3배 향상해주는 방법이 있다. 기억력 향상, 두뇌 건강, 가속 학습 등의 분야를 전문적으로 하는 '뇌 전문가'다.

《마지막 몰입: 나를 넘어서는 힘》의 저자 '짐 퀵'이다. 짐 퀵은 25년 넘게 세계 정상급의 CEO와 운동선수, 배우 등 각계각층의 성공한 사람들뿐 아니라 세계적인 기업과 기관, 단체에서 찾는 독보적이고 저명한 브레인 코치다.

짐 퀵은 어렸을 때 뇌를 크게 다쳤고, 평범한 학교생활과 학업이 어려워서 결국 대학교를 중퇴했다. 그는 책 한 권을 다 읽기가 버거울 정도였고, 어떤 것을 배우고 익혀도 어려움을 겪어서 자신의 인생에 한계를 느꼈다.

앞에서 언급한 속독법에 대한 중요성과 훈련법이 있다. 짐 퀵의 책을 인용하자면, 책을 달리기하듯 읽어가는 것이다. 총 10분 정도만 소요되는 훈련법인데 '매일 책을 10분씩만 읽어보자'라는 뜻이 담겨 있다고 생각한다.

달리기에 참여할 때, 준비물은 편하게 읽을 수 있는 책과 타이머만 있으면 된다. 먼저, 4분 타이머 설정 후 책을 읽으라고 말한다. 나는 '4분'이라는 짧은 시간 동안 타이머만 보고 있을 확률이 높을 듯하다. 아니면 2~3문장 정도나 읽을까 싶기도 한 시간이다. 두 번째는, 알람이 울렸을 때 끝난 지점이 결승선이다. 그리고 3분 타이머를 맞추고 다시 처음부터 결승선까지 읽는다. 그리고 2분으로 맞춰서 처음부터 결승선까지 읽고, 마지막 1분으로 설정 후 결승선을 향해 전력 독서를 하면 된다. '짐 퀵이 강조하는 속독법'은 공부할 때 복습하는 방법으로 써먹어도 좋을 훈련법 같다. 시간은 약 5분 정도씩만 더 늘려도 좋겠다. 속독에 대해 굳이 강박을 가질 필요는 없다.

짐 퀵은 '외부의 힘이 깬 알은 생명이 끝나지만, 내부의 힘으로 껍질을 깬 알에서는 생명이 시작된다. 위대한 것은 항상 자신의 안에서 시작된다'라고 말했다.

외국어 공부는
TV와 유튜브를 적극 활용하자

몸은 도구다. 마음은
그 도구를 움직이는 기능, 증거, 보상이다.
– 조지 산타야나

중년의 우리는 영어를 초등학교 때부터 시작하기도 했다. 하지만 대부분은 중학교에 입학하고 나서 알파벳 A, B, C부터 배우기 시작했다. 나도 중학교 1학년 때 처음 영어를 접했다. 영어 선생님의 발음에 따라 알파벳을 크게 외치던 기억이 떠오른다. 그렇게 우리는 영어 단어를 외운답시고 A4용지와 연습장에 깜지를 써가며 주입식 교육을 시작했다. 그리고 점점 길어지는 단어에 치이면서 꾸역꾸역 배운 과목이 영어였다.

'뇌혈관 질환'은 각종 성인병이 원인이다. 뇌를 튼튼하게 하려면 반복적인 학습이 필요하다. 특히, 영어 단어는 무한 반복으로 자연스럽게 암기가 된다. 영어를 종이에 막 쓰다 보면 무언가 공부했다는 성취감이 생기기도 한다.

중년은 무엇을 배우고 익히든지 자꾸 까먹고 잊어버리기 쉽다. 그래서 메모하는 습관이 필요하다. 메모는 '옛날 사람'이라는 말에 걸맞게 기계를 사용하는 것보다 종이에 막 쓰는 재미를 느껴보자. 이런 소소한 즐거움이 지혜를 만드는 데 도움이 된다. 그리고 메모하는 습관이 생기면 쉽게 잊어버리지 않는다. 자기계발은 치매 예방에도 충분히 도움이 된다. 요즘은 옛날하고는 다르게 SNS가 활성화가 되어있어서 자기계발을 하기에도 더할 나위 없이 좋다.

치매 예방과 안정적인 생활을 위해 인간관계 역시 꼭 필요한 수단이다. 인간은 혼자서는 살아갈 수 없다. 어떤 관계든지 사회생활을 하다 보면, 인연이든 악연이든 생기기 마련이다. 살아가면서 이유 없이 남에게 피해를 주는 인간관계만 아니라면 그런대로 괜찮다고 생각된다.

치매 예방을 위해서는 끊임없이 무언가를 열심히 기록하고 반복하는 학습이 중요하다. 영어 단어 암기 외에도 하루의 중요한 일정을 기록해 나가다 보면 시간 관리에도 도움이 된다.

TV와 유튜브 시청을 '소확행'으로 즐기는 중년도 상당수 있다. 뭘

가를 하면서 그냥 막 틀어놓는 채널도 있을 것이다. 따로 교육비를 지출하지 않아도 마치 영화 한두 편을 보듯이 배우고자 하는 어학 관련 채널을 집중적으로 보면 자기계발에 좋은 방법이다.

나도 유튜브를 즐겨 보는 편이다. 하지만 요즘 들어 크게 흥미를 느끼지 못하고 있다. 늘 보는 것만 보는 습관이 있는데 점점 재미가 없게 느껴지고, 문득 시간 소요가 많음을 깨닫게 되었다. 유튜브 시청은, 효율적으로 본다면 유익한 채널도 많아서 여러모로 좋은 듯하다.

소위 '공부 머리'가 좋은 사람은 외국어 습득도 효과적으로 한다. 금방 배우고 금방 익힌다. 그런데 가만히 보면, 주변 환경이 온통 외국어 세상이다. 심지어 화장실에도 어학 영상이 있을 정도다.

공부를 잘하는 사람이나 배움을 좋아하는 사람의 공부법은 확실히 다르다. 절대 시간을 허투루 쓰지 않는 것은 기본이다. 오롯이 나를 위해 나의 성장을 위한 '공부'는 누구에게도 주지 않고, 어디 가지 않는다.

자신의 성장을 위한 꾸준한 노력은 성취감으로 보상된다. 그리고 자신의 현 위치에서 조금이라도 나은 삶을 살고자 무던히 애쓰며 살아내는 사람을 보면 참 매력적이다.

영어 공부를 시작하기에 늦은 때란 없다. 공부법을 제대로만 알고 시작한다면, 나이 불문하고 가장 만만한⁽?⁾ 어학 공부는 영어가 아닐까 생각한다. 듣기, 쓰기, 읽기, 말하기 중에서 중년은 듣기와 쓰기에만 급급했다. 영어 선생님을 따라서 또박또박 발음 익히기에 바빴고, 원어민처럼 발음할 용기도, 다양한 기회도 충분하지가 않았던 세대였다. '모기 소리'가 대부분이었다.

요즘은 '셰도잉' 영어와 동시다발적으로 공부하는 공부법이 영어 실력을 높이기에 좋다. 한창 자기계발에 열정적인 2030세대는 시간 관리를 잘한다. 출퇴근 시간을 활용해서 지하철 안에서 자신이 잘하고 싶은 외국어를 열심히 듣고 익힌다. 젊은 세대는 이동 중에 창밖을 바라보며 머릿속으로 시뮬레이션도 잘한다.

중년의 무기력증이나 초기 우울증에도, 그리고 갱년기를 슬기롭게 극복하는 방법에도 공부만 한 것이 없다. '살아있다'는 설렘과 배움의 기쁨, 성취감을 동시에 느낄 수 있는 것이 자기계발이다.

영어를 제대로 공부하겠다고 굳은 결심을 해도 거창한 계획과 마음만 앞서기 일쑤다. 가족도 챙겨야 하고 지인들과의 약속도 중요한 중년이다. 그리고 집안 대소사가 늘어나기 시작하는 세대다. 몸에 익은 생활 방식 때문에 쉽게 바뀌지도 않는다. 공부가 작심삼일이 될지라도 일단 무작정 시도해보자. 그리고 마지막 3일에 또다시 새롭게 '작심삼일'을 계획하면 어렵지 않다.

환경의 변화와 나의 성장을 위한 공부는 생활습관이 좌우한다. 각자 처한 상황에 맞게 공부할 수 있는 시간을 만들어야 한다. 인간관계도 중요하지만, 사람과의 관계에 너무 얽매이지 않아야 좋다. 실력을 쌓고 나 자신이 한층 더 성장한다면, 자연스럽게 사람과 돈은 따라오기 마련이다.

50대는 나이가 많다는 이유만으로도 사회에서 확연하게 '설 자리'가 줄어들기 시작한다. 그런데도 끊임없는 자기계발은 훗날 큰 결과물이 될 수도 있다. 뜻하지 않은 곳에서 큰 기회가 생기기도 한다. 사람에 따라 다르기는 하지만 대부분, 다이어트도 단순하게 체중감량만 한다면 금세 도루묵이 되지 않나.

나를 다시 일으켜 세울 수 있는 튼튼한 힘이 필요한 중년이다. 생활습관을 변화시킬 수 있는 삶의 패턴이 중요하다. 바뀌지 않으면 삶이 크게 달라지지 않는다. 노력하지 않으면, 한마디로 반전은 없다.

이제 나도 차분하게 집중적으로 무언가를 해보려고 한다. 치매 예방에도 좋고 노후에도 도움이 되도록 자격증을 취득해볼 것이다. 일하면서 자기계발에 전념해볼까 싶다. 또한, 새롭게 가벼운 마음으로 새벽 기상에 도전해보려고 한다. 요즘 일을 하고 있어서 자정쯤부터 졸기 일쑤다. 베개에 머리만 대면 그대로 잠들어버린다.

새벽 기상은 일을 안 하고 있을 때가 한결 수월하고 편하겠지만,

잠을 조금 줄여서 뭔가를 도전해보고 싶은 마음이 생긴다. 시작했다가 상황에 따라 접게 되는 일들이 일상다반사가 될지라도 무언가에 '도전하는 삶'은 생활에 있어 활력이 된다. 그리고 자연스럽게 부지런한 생활이 덤이 되어 따라온다.

TV의 어학 관련 채널도 자기계발에 유용하다. 교육방송 채널부터 CNN까지 얼마든지 보고 배울 수 있고 다양하게 활용할 수 있다. 우리는 시간 활용만 잘하면 된다. 자투리 시간까지 끌어모은다면 허투루 시간 낭비가 되지 않는다.

공부는 꼭 책상에 앉아서 할 이유는 없다. 휘뚜루마뚜루 시작해보는 재미도 있다. 그러다 보면 자신에게 맞는 공부법은 자연스럽게 생기기 마련이다. 처음에는 영어를 '흘려듣기'로 유튜브나 TV를 틀어놓고 집안일을 하거나 휴식하며 기분전환으로 셀프 네일을 하면서 공부해보는 방법도 괜찮다.

다시 시작하는 '유튜브 영어'는 단어 암기와 함께 패턴영어가 좋은 듯하다. 주입식 교육에 맞게 무한 반복 학습이 기억에 잘 남는다. 기초 영어회화도 십분 도움된다. 나도 단어를 참 많이 잊어버렸다. 초심으로 돌아가서 영어 공부를 차근차근할 것이다.

매일 단 10분이라도 책을 읽어라

읽다 죽어도 멋져 보일 책을
항상 읽어라.
- P.J. 오루크

평범한 주부로 백수처럼 방 안에 틀어박혀 지내는 시간 동안 다양한 책을 많이 읽었다. 마음이 공허할 때 자연스럽게 책장에서 꺼내게 되는 책은 여러 번 읽은 혜민 스님의 책이다. 내 정서는 분명 힐링 스토리인데 결과가 보이는 스토리에 흥미가 떨어진다. 누구나 쓰고 예측 가능한 내용은 베스트셀러가 될 수 없다고 무의식 속에 생각하고 있는 듯하다. 감성 치유 에세이 중에 베스트셀러가 많다. 베스트셀러 작가가 되는 시작은 자신의 이야기를 가감 없이 쓰고 진솔하게 자신을 드러내는 것부터라고 생각한다.

나는 나만의 경험이 있다. 긴 세월 주말부부로 육아와 살림에 찌들어 있으면서도 오전에 꾸준히 운동했고, 오후에는 일하기도 했다. 아이들의 상황에 따라 하루 만에 관둔 곳도 있었다. 엄마는 집에서 애들을 키우는 것이 돈 버는 것이라고 자주 말씀하셨다. 알면서도 답답함이 너무 싫었다. 숨 막힐 것 같은 시간이 싫었지만, 아이들이 오롯이 내 몫이었기에 난 그저 체념하듯 현실을 직시할 수밖에 없었다. 환경은 버거웠지만, 날 보며 웃는 남매는 너무 예쁘고 귀여웠다.

아이들이 어릴 때 우리 집에는 매가 없었다. 딱 한 번 크게 아이에게 손을 댄 적이 있었다. 큰아이는 마음에 크게 맺혔었는지 초등학교 때의 매를 사춘기 중고등학생 때 이따금 "엄마가 저 어릴 때 옷걸이로 때리셨잖아요"라고 말하곤 했다.

큰아이가 초등학교 3학년 때쯤이었다. 큰아이가 친구를 집에 데리고 왔다. 그런데 그 친구가 500원짜리만 모아뒀던 돼지저금통에 손을 댔다. 운동하고 집에 와서 돼지의 배가 엉망으로 갈라져 있는 것을 발견하고 만감이 교차했었다. 처음에는 그 아이를 불러서 혼낼까 했었다.

한참 고민 끝에 그 아이의 부모에게 전화를 걸었다. 다행히 사고가 깨어 있는 현명한 엄마였다. 차분하게 통화하고 나서 한 시간쯤 지났을 무렵, 그 아이가 집으로 찾아와서 붉어진 눈으로 내게 사과했다.

50부터 시작하는 공부의 즐거움

그 아이의 불안한 표정을 난 지금도 잊히지 않는다. 그 아이는 친구 엄마에게 혼날 각오를 하고 온 모습이었다. 이미 엄마에게 엄청 혼난 얼굴로 고개도 제대로 못 들고 있었다.

어깨의 떨림이 고스란히 느껴졌다. 나는 그 아이를 다그치지 않았다. 분명 아파트 근처에 그 아이의 부모가 함께 와 있을 것이고, 이미 많이 혼난 그 아이를 혼내고 싶지는 않았다. 한 10여 분 상황 설명을 듣고 그 아이를 돌려보냈다. 그리고 큰아이에게 일찍 자라고 했다.

다음 날 아침, 아이는 밥을 먹으면서도 내 눈치를 봤다. 냉정하고 굳은 표정일 수밖에 없었지만, 아침부터 야단을 치고 싶지는 않았다. 우선 조용히 학교에 보냈다. 아이가 하교하고 집에 와서도 엄마의 무표정에 불안해했다. 하지만 그냥 넘어가면 안 될 것 같았다. 바늘 도둑이 소도둑이 된다고 하지 않나.

아이는 스스로 벽 앞에서 무릎을 꿇고 양손을 들었다. 자초지종을 들으니 배가 많이 고팠었다고 했다. 큰아이 친구가 돼지저금통을 뜯자고 했다고 한다. 나는 큰아이에게 먼저 엄마에게 전화해서 저금통을 뜯어도 되는지 물어봤어야 했다고 냉정하게 이야기했다.

눈앞에 플라스틱 옷걸이가 있었다. 나는 옷걸이로 아이에게 매를 들었다. 10대 때렸다. 엄마로서는 훈육이지만, 부모의 매질이 아이에게는 훗날 큰 상처가 된다는 것을 깨달았다. 그 훈육이 나는 처음이

자 마지막이다. 다행히 큰아이는 아무런 사건 사고 없이 평범하게 잘 성장해줬다. 육아를 먼저 마친 선배 육아맘들에게 물으면, 아이를 훈육할 때 그 훈육이 진짜 훈육인지 자신의 스트레스 해소용 폭력인지를 빨리 알아채야 한다고 했다.

어릴 적부터 내 아이들은 책을 그다지 좋아하지 않았다. 알프스 소녀 하이디를 좋아하던 우리 세대는 순수동화 한 권쯤은 추억의 책으로 기억하고 있다. 2000년대 초반의 아이들은 우루루 몰려다니며 닌텐도 게임을 하거나 아파트 놀이터에서 미끄럼틀을 탔다. 그네를 타기도 하고 숨바꼭질과 말뚝박기를 했다.

큰아이가 친구들과 한참 딱지를 접어서 딱지 따먹기와 초등생용 포커놀이를 했었다. 밖에서 엄마 모르게 불량식품도 제법 사 먹었던 것 같다. 큰아이는 자주 밖에서 놀다가 들어왔다. 밤 9시만 넘기지 말라고 했다.

아빠는 큰아이가 다섯 살 때부터 전 지역을 돌며 한 지역에서 몇 년씩 거주하는 객지 생활을 하고 있었다. 큰아이는 여동생이 있어서 형제가 있는 집보다는 외롭게 큰 듯하다. 그렇지만 학교 친구들이 많아서인지 크게 외로울 틈 없이 안전하게 잘 놀았다.

주위에는 워킹맘보다 전업주부인 육아맘들이 꽤 많았다. 아이들이 어릴 때, 아이를 놀이방과 유치원 버스에 태우고 나면 엄마들도 삼삼오오 모였다. 이집 저집 다니며 모닝커피를 마시고 수다 떠는 것을 즐겼다. 곧바로 누구 엄마네 집으로 가거나 집에 잠시 들어와 각자 먹을 간식들을 챙겨서 한집 거실에 풀어헤치기 바빴다.

어느 정도 배가 부르고 수다가 지칠 때쯤이면, 저마다 편한 엄마 집에서 널브러져 누워있기도 했다. 서로 말은 조심하면서도 언니, 동생으로 지내는 엄마들도 있었다. 아이들이 보통 한집에 둘씩 있다 보니 전부 동네 학교맘이거나 육아맘이었다. 보통 학교 이야기를 나서서 하는 엄마는 큰아이가 학교맘인 경우다.

첫 아이가 육아맘인 엄마들에게는 어느 정도 도움이 될 만한 시간일 수도 있다. 만나서 이야기하는 목적이 아이 엄마들이라는 공감대는 있었지만, 큰아이가 초등맘인 나는 이미 키웠던 시기가 지나서인지 어느 순간 삼삼오오 모이는 것이 답답하고 재미가 없었다.

나는 아침에 운동한답시고 자주 자리를 피했다. 주5일 아침마다 서너 명씩 모여서 수다를 떠는 주제가 아이들 학교생활이나 유치원, 놀이방 이야기만 있는 것이 아니지 않은가. 난 주 1회 정도나 2주에 한두 번, 아침에 몸이 무겁거나 컨디션 안 좋을 때만 누가 커피 한잔 하자고 하면 따라가서 끼어 앉는 정도였다. 결혼한 여자는 내 이름으로 불리는 것보다 그냥 '누구 엄마'로 불린다. 우리는 드라마 <응답

하라 1988>이 공감되는 세대였다.

역시 2000년대 초반에 태어난 아이들은 우리 때와는 달랐다. '라 때는 말이야'를 말하고 싶지는 않다. 집마다 아이들의 공통점이 있었다. 책을 대충 읽고 휘리릭 던지는 식의 독서를 했다. 아이에게 정통 문학전집을 읽히는 엄마들은 드물었다. 그리고 한참 학습만화가 유행했다.

학교맘들은 아이의 독서 습관 기르기 작전으로 학습만화 세트를 사서 읽으라고 건네줬다. 좋아할 만한 주제들을 골라 두어 권씩 사주면, 서로 빌려보고 바꿔보기도 했다. 아이들은 닌텐도 게임만큼 학습만화를 즐겨 읽었다.

학습만화가 확실히 창의력 향상에는 도움이 되는 것 같다. 만화라서 그림 보는 재미도 있다. 교훈적인 이야기도 있고 웃기는 이야기가 많다. 미취학 아동 때부터 가정에서 독서 습관이 형성된 아이들은 성인이 되어서도 자연스레 책을 가까이하게 된다. 학습만화는 성인들이 보기에도 꽤 읽을만하고 부담 없고 지루하지 않은 책이다.

나는 혼자만의 공부를 선택했다

어떤 분야에서든 유능해지고, 성공하기 위해선 세 가지가 필요하다.
타고난 천성과 공부 그리고 부단한 노력이다.
– 헨리 워드 비처

수많은 사람이 30대 중반쯤 되면 '뇌'를 포기한다. 돌아서면 쉽게 잊어버린다. 뇌를 30대나 40대에 포기하면 치매가 걱정스러워지기 쉽다. 뇌는 고장 나면 전체의 몸을 관리하는 것이 힘들어진다. 뇌를 제대로 사용했을 때, 뇌를 효과적으로 쓰면 나를 넘어설 수 있고, 나의 무한한 가능성을 보게 된다. 뇌가 잘못되면 학습장애가 생긴다.

학습 방법을 위한 학습법은 독서 속도와 이해력을 높이는 방법이다. 1개월의 독서 분량을 목표로 세워서 필요한 공부를 하면 학습장애를 예방할 수 있다. 뇌는 물을 많이 마셔야 잘 돌아간다. 그리고 좋은 음식을 먹어야 한다. 자신의 학습을 자신 스스로 책임져야 한다.

뇌의 휴식을 위해서는 타이머를 십분 활용해도 좋다. 공부할 때 메모하고 밑줄 긋는 공부법이 뇌를 자극시키기도 한다. 그리고 주변 정리와 청소를 깔끔하게 하면 머리가 맑아진다. 그리고 좋은 생각을 많이 하고, 긍정적인 사람과 만나는 것이 좋다. 뇌는 한 번 손상되면 정말 치명적이다. 새로운 것을 배우면 배울수록 뇌가 성장한다. 뇌를 최대한 활용하면서 스스로 미래를 설계해보자.

나는 20대 때부터 전문적인 공부를 갈망했다. 환경적인 부분도 있었지만, 정신없이 바쁘게 살았었다는 핑계 아닌 핑계도 있다. 뭐 하나 제대로 해보려고 하면, 늘 우선시하게 되는 무언가가 있었다. 어떤 복잡한 일이 터졌거나 곤란한 상황에 놓인 적은 별로 없었다. 게으름을 피울 수 있는 환경도 아니었다.

나는 항상 '살아내기'부터 해결해야 하는 숙제가 있었다. 금전적인 문제가 아니다. 예고 없이 처한 환경이 버거웠다. 공부만 빼고, 나는 항상 무언가를 하고 있었다. 일하고 있든, 취미생활을 하고 있든, 친구들과 만나 수다를 떨고 있든, 나의 삶은 정신없이 바쁜 일상이었다. 인간관계도 해결해야 하는 숙제였다.

나는 뭐든 '완벽하게' 잘해내고 싶었다. 마음만 컸던 것도 있다. 마음은 크고 노력은 안 하는 사람일 수도 있지만, 나는 매일 일상에 치여 바빴다.

2년 전쯤부터 나 자신을 조금이라도 성장시켜야겠다는 목표로 공부를 시작했다. 먼저 '편식 독서'를 일삼는 습관을 바꾸고 싶었다. 그러다 인스타그램으로 서평을 업로드하는 이벤트에 참여하기 시작했다.

나는 예상보다 운이 좋았다. 연이은 당첨으로 자신감을 얻었고, 적극적으로 참여하게 되는 이벤트가 계속 이어졌다. 정말 감사하게도 당첨이 잘 되었다. 여러 출판사에서 출판한 책을 서평하기 시작했는데 200대 1 정도의 당첨도 있었다. 인스타 책 계정의 인친이 하는 이벤트 참여 추첨도 운이 좋았다. 그렇게 '책 나눔'으로 다양한 분야의 책을 접하게 됐다.

어느 순간부터 나도 언젠가는 내 이름으로 된 책이 세상에 나온다면 인스타그램에서 자신감 있게 이벤트를 해보고 싶다는 마음이 일었다. 어느 정도는 작가가 되고 싶은 계기가 되었던 '서평 쓰기'였다. 그렇게 나는 어설픈 실력으로 서평을 꾸준히 쓰기 시작했다.

나는 어렸을 적부터 책을 좋아했다. 그러나 바쁘다는 핑계로 1년에 대여섯 권쯤 읽었다. 서평 이벤트 덕분에 다독할 수 있었다. 서평 마감일이 겹치면, 한꺼번에 책 네 권을 교차 독서로 서평을 쓰기도 했다.

자꾸 느슨해지려고 하는 마음과 귀찮아지기 시작하는 마음이 교차했던 시기를 독서로 다잡게 되었다. 책은 나 자신을 돌아보게 하고, 약해지려는 마음을 강하게 다잡아주는 묘한 힘이 존재한다.

'책 속에 길이 있다'라고 하지 않나. 맞는 말이다. 다양한 분야의 책 속에 수많은 문장이 흔들리는 마음을 잡아준다. 독서는 살아가는 지혜를 주고, 삶의 방향을 제시해주며, 박학다식하게 만든다. 책은 즐겁거나 우울해지려고 할 때, 좋은 '길잡이'가 되어주기도 한다.

독서로 나 자신을 성장시키고 싶었다. 계속 이런저런 이유로 미루기만 했던 사이버대학에서 공부가 하고 싶어졌다. 한 살이라도 어릴 때 시작하는 것이 나을 것 같았다. 부모님과 동생들의 반대가 있었다. 그래서 한 해는 입학금만 입금했다가 결국 취소했다.

자꾸 미련이 남았다. 그러다가 '내가 왜 취소했을까?' 싶은 마음에 이내 불편해졌다. 어쩔 수 없이 포기한 김에 책이나 많이 읽자 싶었다. 그러다 일상생활에서 책만 읽는 것이 조금 아쉬워지기 시작했다.

집에서 할만한 취미가 없을까 찾아보다가 대학 신입생이 하던 채색 놀이가 눈에 들어왔다. 그렇게 나의 색깔 공부가 시작되었다. 나는 한참 색칠놀이에 빠져서 지냈다. 한 작품씩 손톱에 아크릴물감을 묻혀가며 열정을 쏟아부었다. 시간 소요가 많은 만큼 힘들었지만, 보람은 컸다. 나는 지금 공부도 해야 하고, 일도 해야 하고, 동시에 학업도 이어가려고 한다. 그래서 많이 바빠지지 않을까 생각한다.

여기 선택 능력에 영향을 미치는 가장 중요한 요소가 있다. 사회문화의 환경과 개인의 정서 발달이다. 감정적으로 발달할수록 과거에 덜 제한받고, 자신이 처한 환경에 구속을 덜 받는다. 어떤 사람으로 성장하는가는 선택의 문제고, 그 선택은 오직 당신의 몫이다.

시간을 낭비하는 '딴짓'의 원인을 찾아보자. 나는 일상에서 가장 큰 시간 낭비는 SNS가 아닐까 생각한다. 사람들은 손에서 스마트폰을 쉽게 놓지 못한다. 목표를 정하고 무언가에 집중해서 성취감을 느끼려면, 하고 싶은 것을 전부 다 할 수는 없다. 각종 SNS는 중요한 연락과 지인들과의 일상 소통을 위해서라도 꼭 필요하다. 하지만 급한 연락과 중요한 일 처리 외에 1~2시간 정도는 멀리해도 괜찮다고 생각한다. 각종 검색으로 시간 소요가 적지가 않다는 것을 자주 느끼니 말이다.

일하면서 자기계발을 하려면 정말 큰 결심이 필요하다. 중년의 뇌는 의사 결정 부분에서는 매우 컨디션이 좋다. 중년에는 공부를 안하면 소위 '꼰대'가 되기도 한다. 스마트폰을 하면서 자기계발을 하면 산만해지고 집중력이 흐트러지기 쉽다. 스마트폰과 꼭 연결되어야 생활이 되는 직업이 아니라면 '잠시 꺼두셔도 좋습니다.'

나는 사이버대학에 입학하면서 전공으로 영어를 선택했었다. 정말 꾸역꾸역 따라가기 바빴던 것 같다. 나는 '영알못'의 문법 세대다. 평소에 영어를 쓸 일이 없어 안 쓰다 보니 대부분 다 까먹었다. 뭐가 뭔지도 잘 모르는 상태라서 기본적인 것부터 다시 시작하자고 마음먹었다. 문법도 완벽하지 않은 상태인데 지난해에 원어민 수업까지 들어서 정말 정신없었던 한 학년을 보냈다.

그리고 올해 초, 도서 출간 계약 전에 전과를 신청했다. 다행스럽게도 승인이 되었다. 이제부터는 문예창작학과 학생이다. 문예창작학과 과정을 전혀 안 들은 상태에서 어떻게 해야 할지 걱정된다. 각종 자격증 취득과 함께 더 성장하고 싶은 마음과 조기졸업을 하고 싶은 마음이 생기기 시작했다. 다소 무리가 되는 상황이 올 수도 있겠지만, 조금 욕심내서 쪽잠을 자면서라도 공부하기로 했다.

비대면 시국에 온라인 수업은 더할 나위 없는 '혼자만의 공부법'이다. 학점을 빨리 취득해서 옛날처럼 다시 학원에서 일하고 싶다. 끊임없이 나를 성장시켜 성공의 길로 갈 것이다.

의욕만 있다면 배움에는
돈이 들지 않는다

인간은 자기가 옳다고 생각하는 일, 가능하면 많은 것을
자기의 것으로 삼기를 인생의 목표로 삼고 있다.

– 톨스토이

사람의 욕심은 끝이 없다. '무엇이든 특출나게 잘하는 거 하나만 있으면 된다'라는 말은 옛말이다. 요즘은 만능 엔터테이너가 되어야 살아남는 세상이다. 불확실한 미래에서 특출나게 하나만 잘해도 안 된다. 다양하게 재능이 많은 사람이 더 지혜롭고 현명하게 세상을 잘 살아갈 수 있다.

자신의 실력을 쌓고 자기계발을 하려면, 비싼 금액을 들여 학원에 다녀 배워야 하는 분야도 많다. 조금은 늦더라도 한 단계씩 성장을 위한 배움이 필요할 때, 하고자 하는 열정과 의욕만 있다면 '나 홀로 배움'도 충분하다.

우리가 손쉽게 접근할 수 있는 것으로 독서와 취미생활과 어학 공부가 있다. 그리고 독학으로 취득할 수 있는 자격증 도전이 있다. 자격증 관련 독학은 어느 정도 비용은 든다. 하지만 독서는 도서관을 활용해도 좋고, 어떤 일을 하면서 각종 SNS로 낭독해주는 책을 들을 수도 있다. 취미생활은 소소한 비용으로 '소확행'을 찾으면 된다. 어학 공부는 기초적인 부분은 유튜브만 봐도 영상이 차고 넘친다.

사람들은 새롭게 배우고 익히고 경험하는 것에 재미를 느낀다. 어떤 것이든 분야가 신선하고 콘텐츠가 흥미로우면 저마다 눈을 반짝이며 신경을 곤두세운다. 그리고 하고 싶은 것이 있으면 최대한 미루지 않고 바로바로 시작하려는 습성도 있다.

특히, 젊은 사람일수록 앞뒤 재지 않고 무턱대고 덤벼들기가 쉽다. 그러다 무한도전이 '무모한 도전'이 되기도 한다. 하지만, 이에 굴하지 않고 무엇이든 과감히 도전한다. 일단 도전했다가 '아니다 싶으면 접으면 그만'이라는 마인드가 강한 사람이 많다. 끝없이 도전할 수 있는 젊음과 패기는 좋다. 하지만 그 과감한 도전이 크나큰 시련으로 닥쳐오는 일이 없기를 바란다.

누구에게든 기회는 한 번씩 찾아오기 마련이다. 그 기회를 어떻게든 잡아내려면 나부터 '준비된 사람'이어야 한다. 사회생활도 주변 인간관계도 마찬가지다. 내가 실력이 있고 능력이 있으면, 자연스럽게 주위에 사람들이 생기기 마련이다. 그 반대라면 그 수준의 인간관계에서 벗어나기가 어렵다. '유유상종'이라고 하지 않나.

주위에 어떤 사람이 있느냐에 따라 그 사람이 보인다. 의식적으로 주변을 완전히 차단한 채 가족과 나 자신만을 위해 살아가도 벅찬 세상이다. 그래서 그저 혼자서 열심히 살아가는 사람들도 어렵지 않게 보인다.

코로나19 시대라는 이유로 '고독'을 선택한 대신, 이루고자 하는 것에 대한 시간 투자와 성장을 위한 노력을 더 실속 있고 의미 있게 생각하는 사람들도 확연히 늘었다. 비대면 생활이 점점 길어지면서 '집콕 취미' 생활이 유행처럼 번지고 있다. '천원의 행복'에서 저렴한 가격에 구입해 연습 삼아 써볼 수 있는 캘리그라피도 있다.

붓은 달라도 서예를 잘 쓰는 사람들이 캘리그라피에도 솜씨가 있다. '바른 글씨'를 위해서 어렸을 적에 서예 시간에 친구들과 장난치면서 먹만 갈지 말고, 차분하게 앉아 신문지나 종이에 붓글씨를 열심히 써볼 것을 하지 못했다는 아쉬움도 생긴다.

캘리그라피는 붓펜 잡는 방법부터 다양한 선 긋기를 거쳐 단어를 많이 쓸 수 있게 한글의 자음과 모음을 연습해야 한다. 받침체 연습부터 방향을 바꾸며 쓰기도 하고, 흘림체 연습도 필요하다. 무엇을 배우든지 쉬운 것은 없다. 취미도 꾸준한 연습이 있어야만 잘할 수 있다.

　하고자 하는 취미와 마음이 잘 맞는 지인이 있다면 한두 사람만 모여 소소하게 머리를 맞대고 수제 비누와 인형, 손뜨개를 배우는 것도 좋다. 나만의 작품으로 예쁘게 집을 꾸미는 주부의 모습도 아름답다.

　취미를 특기로 살려 재능기부를 하는 이들도 적지 않다. 사람들과 공유하며 줌(ZOOM) 수업으로 '품앗이 취미'를 하는 사람들도 있고, 재료비 정도만 쓰고 영상으로 배우며 집에서 직접 만들어서 인테리어를 하는 사람도 많다.

　그리고 원데이 클래스에서 비누 만들기나 가죽 공예를 체험하기도 하고, 수제 화장품을 만들어서 직접 써볼 수도 있다. 자신만의 로망을 실현하기 위해 각종 미술을 배우거나 계절 취미로 조금은 과감하게 서핑이나 스키를 배우면서 스릴을 즐기는 사람도 있다.

　중년은 배우려는 취미와 공부가 있다면, 집콕으로 거의 돈을 쓰지 않고도 현명하고 지혜로운 배움이 가능하다. 취미와 공부는 연장(?)만 잘 갖춰져 있다면 각종 무료 영상으로도 충분히 가능하다.

　집에서 손쉽게 도전할 수 있는 취미 중에 가장 무난한 것은 바늘과 실만 있으면 되고, 공부는 각종 필기도구와 아무 데나 붙일 수 있는 포스트잇 정도만 있어도 된다.

잘 끊기지 않는 원활한 영상만 있다면, 밖에서 알아보는 시간 낭비 없이 효율적으로 시간 활용이 가능하다. 준비물만 있다면, 이보다 더 확실한 소확행이 있을까 싶을 정도다.

중년은 탁월한 손재주가 있지 않은 한, 각종 취미는 손에 익지 않은 경우가 많다. 그래서 처음에는 잘 못 해도 괜찮다. 나도 바늘과 실은 인연이 없다고 할 정도로 아무것도 못 하니 말이다. 바늘과 실로 할 줄 아는 것은 목도리 말고는 없다. 다른 것은 안 해봐서 모르겠다. 잘하는지 못하는지 원래 관심이 있는지 없는지 말이다. 이것저것 배우면서 내가 진짜 관심 있고 좋아하는 것이 무엇인지, 무엇을 잘하는지 알아나가는 것도 재미가 있다.

세상에는 '만학도'가 정말 많다. 주위와의 만남을 최대한 차단하고, 스마트폰도 멀리한 채 오롯이 자기계발에만 전념하는 사람도 있다. 나이 여든을 넘어서 한쪽 벽면을 영어 단어 포스트잇으로 도배한 어느 할머니의 영상을 봤다. 이 할머니는 단순히 영어가 좋아서 공부를 시작했다. 비록 영어 대화 수준은 아직은 초등학생 수준이지만, 참 대단하고 존경스럽다.

중년부터는 공부하면서 포스트잇을 십분 활용하는 것이 좋다. '아프니까 청춘'이라고 한다면, 우리는 '돌아서면 쉬이 잊어버리기 쉬운 중년'이다. 복잡한 긴 영어부터 중요한 약속과 소중한 일상까지 포스트잇에 메모하는 습관을 갖자. 나만 알아보면 되니까 빼곡하게 적어도 좋고 잘 안 쓰는 사자성어와 고사성어를 기록해둬도 좋다. 포스트잇을 잘 활용하면 치매 예방에도 좋고, 공부할 때 암기도 잘 되고, 책상이든 침대 모서리든 아무 데나 붙여놓고 자꾸 보고 또 볼 수 있으니 어렵지 않게 단어 암기도 가능하다.

성공한 사람들은 대부분 멘탈이 강하다. 멘탈이 강해서 버티는 힘이 있고, 하고자 하는 것들을 끈기로 끌어낸다. 그리고 무슨 일이든 끝까지 해낸다. 어느 분야든 '포기하지 않으면 언젠가는 빛을 본다'라고 하지만, 사람의 성향에 따라 결과는 판가름이 난다.

자만하지 않고 묵묵히 노력해서 결과물을 내는 사람이 있다. 반면, 자신의 운만 믿고 별다른 노력 없이 그냥 버티는 사람도 있다. 여기서 끝까지 살아남는 사람이 강한 사람이다. 끊임없는 노력이 없으면 절대 강할 수가 없다.

성공한 사람들은 매 순간 버틴 사람이다. 실력과 행운, 그리고 재능과 노력은 분명 우리를 일정한 성공으로 이끈다. 돈을 많이 쓰지 않고도 소소하게 한 가지씩 하고자 하는 것을 시도해보고 '이거다!' 싶은 것들이 보인다면 끈질기게 도전해야 한다.

두 번째 스무살

용기란 계속할 수 있는 힘이 아니다.
용기란 아무 힘이 없을 때 계속하는 것이다.
- 시어도어 루스벨트

중년의 나이는 20대의 2배 이상의 인생을 살아온 나이다. 나이 들수록 젊음이 부럽기도 하고, 마음은 20대처럼 청춘을 즐기고 싶다. 불혹의 나이부터는 대학 새내기 정도의 나이는 아니지만, 그래도 젊음이 좋다는 마음이 생기기 시작한다.

50대부터는 젊은 사람들처럼 인생을 재미있게 살아가고 싶다. 그래서 무언가에 설렐 수 있는 신선한 생기가 필요하다. 그래서 자기계발이든 취미생활이든 매일 즐거움 속에서 살기 위한 노력을 해야 한다. 밝고 쾌활하면서도 긍정적이고 차분한 중년의 모습이 아름답다.

누구나 부정적인 사고방식은 좋아하지 않는다. 매사 부정적인 사람은 기본적으로 불안한 마음이 가득하다. 나는 그들이 그 어떤 시도나 노력도 하지 않는다는 것을 적지 않게 겪어왔다. 무언가를 하려는 마음가짐 자체가 없는 사람이 생각 이상으로 많다.

중년의 활력을 위해 정기적으로 좋아하는 분야에 시간을 써보자. 평일에 직장생활을 하는 가장들은 주말을 이용해 골프를 친다. 현재 중년의 대부분은 자녀들의 성장이 고등학생이거나 대학생일 것이다. 자녀들이 성장할수록 나만의 여유로운 시간을 만들기가 쉬워진다.

'갱년기'가 시작되면서부터는 넘치는 열정을 해소함과 동시에 감성에 빠져들기 쉽다. 주변의 수많은 유혹에 빠지기도 쉬운 세대다. 그 불안정한 감성을 달래줄 각종 매체가 필요하다. 그래서 갱년기를 지나 환갑이 넘은 나이임에도 불구하고 열정적으로 트로트 가수를 응원한다거나 노래 교실에서 배운 노래로 지인들과 노래방에서 노래를 부르면서 열정을 쏟는 일도 심심찮게 있다.

당장 중년들의 부모님 세대만 보더라도 TV에서 하는 트로트 채널을 다 꿰고 있을 정도다. 노래를 흥얼거리며 곧잘 따라 부르시는 모습도 많이 본다. 어디에서 들으셨는지는 모르겠지만, 트로트 가수들의 집안에도 엄청 관심이 많으시다.

"얘, 누구누구가 노래를 맛깔나게 잘 부르더라."

"쟤는 집이 엄청 잘 산다던데. 쟤 엄마가 어디서 뭐 한다더라."

수많은 사람이 나이가 들면, 자신의 삶을 돌아봤을 때 아쉬웠거나 후회되는 일이 적지 않다. 나의 삶을 돌아본다면 50년을 살아오면서 빠르게 결정을 잘한 것도 있지만, 매사 신중하려고 노력했다. 그런대로 안정적인 삶을 영위해왔다. 그런데 조금 더 열정적으로 틀에 박히지 않은 생활은 못 해서 그런지 아쉬운 부분이 많다.

우리가 꿈을 설계할 때는 목표와 목적을 분명하게 설정해야 한다. 동기부여는 목표와 목적에서 나오기 마련이다. 다른 사람이 나의 인생을 대신 살아주지 않는다. 남을 의식하지 말라는 것이다.

'다시, 스무 살'로 돌아가서 새롭게 꿈을 설계하고 싶다면, 한 번쯤은 되새겨볼 필요가 있다. 자신을 믿고, 자신이 원하는 길을 가야 행복하다. 결국, 자신의 마음에서 원하는 것을 따라가야 한다.

중년의 나이에서 '다시, 스무 살'로 돌아간다면 자투리 시간을 활용해도 좋다. 그리고 하루 한 시간이라도 집중적으로 배울 수 있는 자기만의 시간이 필요하다. '스무 살'은 열정적으로 에너지 넘치게 무엇이든 시작할 수 있다.

요즘 '미라클 모닝'으로 새벽 시간을 활용해서 자기계발을 시작한 사람이 부쩍 늘었다. 나도 약 8개월 정도 새벽 4시 30분에 일어나서 꾸준히 독서를 했었다. 독서를 하면서 영어 공부를 하기도 하고, 집중력이 떨어지는 날에는 좋아하는 취미생활을 하면서 오롯이 나만의 시간을 보냈다. 8개월 정도의 시간 동안, 새벽에 나를 위한 2시간 정도의 성장 시간은 꾸준함과 인내심, 열정, 자신감을 한층 키워줬다.

꼭 새벽에 무언가를 한다는 계획이 아니더라도 아무 방해받지 않고 차 한 잔과 함께 자신을 돌아볼 수 있는 값진 시간이 되어준다.

중년에서 경험하게 되는 '두 번째 스무 살'은 어떻게 시간을 쓰느냐에 따라 미래가 완전히 달라진다. 자신이 성장하고 싶다면 공부는 필수다. 성장이 가능한 지식은 기본이다. 지식을 쌓으려면 편식 독서가 아닌, 다양한 분야에 관심을 두자. 하릴없이 바쁘다는 핑계로 차일피일 미루기만 했던 것이 있다면, 하나둘씩 다시 꺼내보는 시간이 필요하다.

만약 당신이 주부라면, 집안일 외에는 자꾸 미루기 마련이다. 나도 바로 눈앞에 보이는 먼지나 머리카락부터 치워야 직성이 풀린다. 그리고 무엇보다 집안일을 가장 먼저 하게 된다. 그러다 보니, 일이 많다는 생각에 자꾸 더 스트레스가 생기는 악순환이 된다. 요리와 청소는 시간을 정해놓고 딱 그 시간 내에 할 수 있도록 하고, 집안일은 휴일에 몰아서 한 번 더 깔끔하게 해보자.

중년이라면, 오롯이 나를 위해 쓸 수 있는 '나만의 시간'은 하루 24시간 중에 자투리 시간까지 모아서 최대 5시간도 가능하지 않을까? '최대 5시간'은 나의 인생을 바꿀 수도 있는 시간이다. 가족 없이 살아가는 중년도 심심찮게 있지만, 가족이 있어서 함께 살아가는 중년은 아무래도 챙겨야 할 대소사가 많다. 하지만 자신의 의지와 노력에 따라 시간 활용은 충분히 가능하다. 중년인 우리는 육아맘이 아니기에 정신적인 의지력만 있으면 된다.

주위를 보면, 불필요한 모임이나 전화 통화로 장시간을 낭비하는 사람이 한두 명씩은 꼭 있다. 나는 공부와 운동은 혼자 하는 것이 좋다. 중년이지만 꼭 '함께' 무언가를 할 필요는 없다. 비대면이 편한 세상에서 밖에서 누군가를 만나는 일들은 확연히 줄어들었지만, 이따금 삼삼오오 모여서 대화하는 주부들의 이야기를 들어보면 전부 똑같다. 90%가 가족 이야기나 자신의 일상 이야기뿐이다.

온라인 모임도 확실한 목적으로 공감대가 형성되는 모임이라면 괜찮다. 여러 모임 중에서 독서와 어학 공부를 하는 모임이 가장 자신의 성장을 위해 좋은 듯하다. 독서와 어학은 줌(Zoom)으로 토론이 가능한 모임이어야 한다. 평소에는 혼자서 독서와 어학 공부를 하고, 1주에 한 번씩 모임으로 토론하는 형식이 자기 성장에는 십분 도움이 된다.

나는 요즘 노안이 왔는지 밝은 조명보다 눈에 덜 부담이 되는 조금은 어두운 자연의 빛이 가득한 공간이 훨씬 편하다. 마음의 여유를 갖고, 하고 싶은 것과 꼭 해야 할 일을 구분해서 하는 슬기로움이 필요하다.

우리 중년은 이제 다시 '두 번째 스무 살'로 돌아갈 수 있을 용기와 마음가짐이 필요하다. 다시 스무 살이 되었다는 마음으로 무언가를 시작해보는 것은 어떨까?

우리도 마음만큼은 스무 살의 풋풋한 '그때 그 시절'로 돌아갈 수 있다. 인생을 다시 시작하고 싶다는 바램으로, 설레는 스무 살의 마음에서부터 차근차근 하나씩 시작해보자. 가장 쉽게 접근할 수 있는 자기계발의 시작은 독서와 신문이다. 시력만 허락된다면 '활자중독증'이 되어도 좋다. 시간 낭비 없는 '의미 있고 값진 스무 살'이 될 것이다.

목표도 다양한 부분에서 찾을 수 있다. 꼭 금전이 목표가 아니라도 괜찮고, 자기계발과 자기만족에서도 성취감을 느낄 수 있다면, 자신의 내면에 있는 잠재력을 일으킬 수 있는 목표도 좋다.

지혜롭고 현명한 사람 되라

우리는 세 가지 방법으로 지혜를 배운다.
첫 번째는 가장 고귀한 방법으로 자신을 돌아보는 것이다.
두 번째는 가장 쉬운 방법으로 그냥 따라 하는 것이다.
세 번째는 가장 어려운 방법으로 경험으로 배우는 것이다.
– 공자

사회생활에서 인간관계는 필수다. 사람은 혼자서 살아갈 수 없다. 인간관계를 잘하는 사람은 상대를 이롭게 하면서도 자신을 이롭게 하는 법을 잘 알고 있다. 반면, 고독을 즐기며 '자발적 고립'을 선택해서 일부러 히키코모리처럼 살아가는 방식을 택하는 사람도 적지 않다.

수많은 사람에게 이리 치이고 저리 치이며 살아가는 인생도, 자의 반 타의 반으로 외로움을 선택한 사람들도 제각각 삶의 목표가 있다. 주위에 사람이 많다고 그 인생이 행복한 인생이라는 보장도 없고, 혼자의 삶을 살아간다고 해서 그 인생이 불행한 것도 아니다.

내가 생각하는 인간관계는 '찰나의 순간'이라고 생각한다. 옷깃만

스쳐도 인연이라고 하지 않나. 우리는 매일 수없이 많은 사람과 스치듯 지나치며 살아간다. 그러면서 우연히 새로운 사람과 인간관계가 형성되기도 한다. 또한, 관심 분야의 카페에 가입만 해도 소소하나마 인맥은 만들어진다. SNS에서도 공감대를 형성하며 사람을 쉽게 접할 수 있는 세상이다.

현대의 우리는 억지로 인연을 만들지 않아도 되는 세상 속에서 살아가고 있다. 어떤 사람과 필연이라면, 자신이 거부해도 운명처럼 계속 마주치거나 만나게 되는 것이 인간관계라고 생각한다.

나의 20대 초반에는 휴대폰이 없었던 세상이었다. 현재 중년의 나이라면 공감할 것이다. 우리의 그 시절은 '삐삐 세대'였다. 그래서 수첩에 따로 전화번호를 메모해서 가지고 다녔다. 각자 호주머니나 가방에 끼워둔 삐삐가 울리면 그 전화번호를 보고 카페 테이블 전화기나 공중전화기를 이용해서 상대방에게 전화했던 '그때 그 시절'을 보냈다. 재미있는 암호도 전화번호처럼 많았다. 1004^(천사), 5882^(오빠빨리), 7942^(친구사이), 4444^(사랑 또는 죽음) 등등. 정말 재미있었다. 카페에서 삐삐를 확인하자마자 음료수를 뿜어대는 유치한 번호도 많았다. 서로의 삐삐에서 암호가 동시에 울리면, 복권이라도 당첨된 사람처럼 크게 기뻐하는 연인도 있었다.

나의 20대에는 무엇보다 인간관계가 중요했다. 사회생활을 잘하려면 원만한 인간관계는 필수라고 단언 짓는 사람도 상당수 있었다. 나도 한창 일하던 시절이었기에 내 수첩에도 약 200여 명의 전화번호가 있었다.

인간관계는 단순히 시간이 갈수록 깊어지는 관계가 아니다. 서로 적극적으로 행동을 취하지 않으면, 영원히 한 자리에 머물게 되는 것이 바로 인간관계다. 의식적으로 노력하지 않으면, 그저 직장 동료나 형식적인 친구일 뿐이다.

우리 중년의 20대와 30대 때는 노력으로 유지하는 인간관계였다. 그런데 나는 중년의 나이에 접어들고서부터 의식적인 인간관계는 무의미하고 시간 낭비라는 생각이 들었다.

'인간관계의 연구 결과'를 보자. 얼굴이 화끈거릴 정도의 반응은 필요 없다. 아부, 과한 칭찬, 찬사 역시 필요 없다. 그냥 마음속에 떠오르는 그 사람의 좋은 점을 솔직하게 말하면 된다. 인간관계에서의 솔직함은 좋은 인간관계에서의 장점이 될 수 있다. 인간은 늘 경청과 칭찬에 목말라 있다.

누구나 인생을 아무리 잘 살았다고 해도 후회가 없을 수 없다. 인간은 원래 완벽하지 않고, 완벽할 수도 없는 존재기 때문이다. 그러나 후회 없이는 성장도 없다. 사람은 누구나 후회 없는 인생을 살고 싶어 한다.

대부분의 사람은 지나간 일에 얽매여 미래를 설계하기 어려워하고, 괴로워하기도 한다. 그리고 한때의 성공에 취해 흥청망청 살다가 결국 엉망진창인 삶이 되어 현재의 삶을 비관하거나 하릴없이 낭비하는 시간을 보내기도 한다.

당신의 아름다운 성장은 지금도 늦지 않았다. 나도 느리더라도 천천히 미래를 설계하고 있다. 원하는 방향으로 이뤄지지 않는다면 좌절을 겪겠지만, 그 실패 속에서도 또 다른 삶의 지혜가 생겨날 것으로 생각한다.

자꾸 똑같은 실수를 반복하게 되는 것이 사람이다. 그래서 나는 겨우 이 정도밖에 안 되는 인간이라며 스스로 비하할 때가 오기도 한다. 내 마음대로 되지 않는 인간관계 때문에 괴로워하지 말자. 그리고 크고 작은 실패로 자신감을 잃고 고통받고 있다면 망설이지 말고 책을 가까이하자.

책은 나를 단단하게 만들고 위로해준다. 또한, 자존감 향상과 긍정의 힘으로 성장할 수 있는 발판이 되어준다. 꼭 정독하거나 완독하지 않아도 좋다. 책을 끝까지 읽어야 생각한다거나 어려운 책에서의 부담감을 덜어내자. 독서만큼 효율적이고 쉬운 공부가 없다.

나는 지적으로 성장하고자 한다. 그러기 위해서 읽기 쉬운 책보다는 더 깊이 있게 읽을 수 있는 책을 가까이하려고 한다. 마음의 성장과 동시에 머리가 지식으로 충만해지는 묵직한 독서를 하고 싶다.

지혜로운 사람과 어리석은 사람의 결정적인 차이는 독서다. 성공과 실패의 차이는 다른 것이 아닌 지식에 있다. 그래서 끊임없이 배워야 살아갈 수 있다. 공부와 독서를 많이 할수록 주변에 사람이 많이 생긴다. 자신이 부족하다는 것을 인지하는 순간부터라도 겸손한 마음으로 공부와 독서를 해야 한다.

지혜로운 사람은 자신이 죽는다는 것을 제대로 알고 있다. 자신이 죽는다는 것을 알면서도 마치 죽지 않을 것처럼 살아가는 사람들이 어리석은 사람이다. 죽음은 자신이 죽어간다는 사실을 진짜로 아느냐에 따라서 이전과는 다른 모습으로 변할 수가 있다.

성경에서는 내가 죽어간다는 사실을 진짜로 안다면, 지혜로운 사람은 죽음에 대해 많이 생각하지만, 어리석은 사람은 눈앞에 보이는 즐거움밖에 생각하지 못한다고 말한다. 성공을 위한 세 가지 열쇠가 있다면, 3가지 열쇠 모두 '끈기'라고 한다. 성공의 커다란 비결은 절대로 지치지 않는 사람으로 인생을 살아가는 현명한 지혜다.

삶의 희망이 없더라도 용기를 잃지 말자. 희망은 때때로 우리를 속이지만, 용기는 힘의 입김이기 때문이다. 자신이 약한 그때가 가장 강한 것이다. 우리에게 어제까지는 지나간 역사다. 내일은 수수께끼라서 풀어야 하고, 오늘 하루는 선물이다.

좋아하는 음료를 마시는 사람보다 그 음료를 배달하는 사람이 더 건강하다. 하루를 25시간인 것처럼 바쁘게 생활해보는 것은 어떨까?

삶을 사는 지혜는 지금 가지고 있는 것을 즐기는 것이다. 그리고 겸손한 사람이 더욱 빛난다. 과거에 괜찮은 추억 하나 없는 사람은 없을 것이다.

50대부터는 젊은 사람과 경쟁한다는 마음보다는 그들의 성장을 인정하고 용기를 주는 것이 좋다. 젊은 사람들과 함께 즐길 때, 중년의 삶은 더욱 가치 있게 될 것이라고 본다.

역경은 사람을 부유하게 하지는 못하지만 지혜롭게 한다. 그리고 낭비한 시간에 대한 후회는 더 큰 시간 낭비라고 생각한다. 안 좋은 말을 들으면, 마음에 담아두지 말고 잊어버리자. '나 자신의 멍청함을 아는 것은 지식으로의 첫걸음'이라는 말이 있다. 이렇듯 나는 지금이라도 열심히 꾸준하게 최선을 다해 지혜롭게 성장하고자 한다.

50부터 시작하는 공부의 즐거움

PART 4　50 이후에 시작하는
7가지 배움의 즐거움

거실에 헬스장을 만들자

우정이라는 기계에 잘 정제된
예의라는 기름을 바르는 것은 현명하다.

– 콜렛

코로나19 시대가 길어지면서 대부분의 사람이 손발이 묶인 듯 답답한 생활을 지속하고 있다. 직장생활부터 취미생활까지 적잖은 변화를 겪고 있다. 게다가 각종 변이 바이러스까지 심각한 지경이다. 전 세계적으로 수많은 사람이 코로나 확진으로 사망하고 있다. 아직 백신의 효과를 확신할 수 없는지 방역패스도 코로나바이러스에 안심할 수 없는 상황이기도 하다. 그리고 각종 변이 바이러스가 치명적이다.

나는 처음에는 백신을 맞지 않으려고 했었다. 고민 끝에 1차 접종을 하려고 했다. 그런데 아침에 갑자기 오한이 났다. 치아가 딱딱 부딪힐 정도로 몸에서 덜덜 떨렸다. 그래서 취소하고 하루 푹 쉬었다. 한 달쯤 후에 다시 예약했다. 가장 안심되는 화이자 백신을 맞았다. 아무렇지도 않아서 '이게 뭐지?' 하고 다행이다 싶었다. 오한이 났던 이유도 있었고, 차일피일 미루고만 있었던 것도 사실이다. 끝까지 안 맞을 생각도 있었고, 경구용 백신이 개발될 때까지 버텨볼 요량이었다.

엄마는 자꾸 재촉하셨다. "가족들은 다 접종하는데 너는 왜 안 맞냐"라고 역정을 내기도 하셨다. 아빠도 우리 가족은 모두 아무 이상 없으니까 괜찮을 거라고 무조건 맞아야 한다고 말씀하셨다. 그래서 버티다가 연말 중순에 2차까지 접종했다. 걱정이 많았다.

2차는 더 아무렇지도 않아서 백신 체질인가 싶은 생각도 들었다. 무증상자도 제법 있고 부작용도 많다. 그래서 아예 안 맞는 것을 선택하는 사람도 적지 않다. 나는 미접종자도 존중한다. 그 사람들의 선택 아닌가. 개개인의 선택이니 강요는 안 하는 것이 좋을 것 같다.

둘째가 20개월이 되었을 때였다. 체력방전으로 지쳐서 돌파구를 찾고 싶었다. 나는 혼자서 외출이 자유롭지 못했다. 집 근처 외에는 한 번 외출하려면 큰마음 먹고 아이들의 물건을 바리바리 챙겨서 집을 나서곤 했다. 항상 택시를 타고 다녔다. 너무 갑갑해서 미칠 것만 같았다. 그래서 아이들이 자는 새벽 시간에 동네 근처 공원에서 무작정 한 시간씩 걷기 시작했다. 그렇게라도 답답한 마음을 해소하고 싫었다. 아무래도 새벽 시간이다 보니 많이 어두웠다.

그러다 두 달쯤 지나서 집 거실에 매트를 깔았다. 나의 육아맘 시기에는 개그우먼 조혜련의 '태보 다이어트'와 슈퍼모델 '이소라 다이어트'가 유행하고 있었다. 다소 격한 운동에 스트레스가 풀리고 엔도르핀이 샘솟는 것 같았다. 쉬운 운동보다는 격렬하고 어려운 운동이 내게 맞는 것 같았다. 그러다 적성에 맞는 운동을 찾았다. 그렇게 아이들을 오전 시간에 아파트 내 놀이방에 맡기기 시작했다.

'여자 셋이 모이면 접시가 깨진다'라는 말이 있다. 게다가 요즘은 대부분 헬스장 편의시설이 좋다. 제법 뜨근뜨근한 찜질방이 있는 헬스장이라면 어떻겠는가? 나이 불문하고 에어로빅과 요가가 끝나면 개인 운동을 하거나 곧잘 찜질방으로 모여들었다. 나는 찜질방 불한 증막을 좋아한다. 따뜻한 온돌방에서 약 15분간 땀을 뺀다. 거적때기를 머리까지 뒤집어쓰고 앉아서 같이 다니던 여자들과 맥반석 달걀 3개와 함께 연한 식혜나 매실차를 마시는 것을 좋아했다. 한창 어깨가 많이 뭉쳐 있었다.

코로나가 발병하기 몇 해 전부터는 헬스장에서 거의 매일 1시간씩 미지근한 온도로 들락날락했다. 그러나 마주하면 수다가 대부분인 주위의 육아맘과 학교맘과의 교류가 내게 힐링이 되지 않았다. 그 시절은 요즘처럼 SNS가 활발하지 않았던 시대였기도 했다. 마치 떡 먹다 체한 사람처럼 계속 마음이 너무 답답했다.

나는 불필요한 대화는 그다지 좋아하지 않는다. 그래서 갈수록 누구의 하소연을 들어줄 마음의 여유가 없었다. 나는 중요한 일도 아닌데 지나치게 불안했다. 다른 사람이 별 의미 없이 하는 말에도 일일이 신경이 쓰였다. 마음에 여유가 없으면, 세상 좋은 말들도 듣는 것 자체가 스트레스가 아닌가. 큰아이가 다섯 살 때, 주말부부로 살기 시작했다. 그때부터 내 삶은 완전 스트레스 덩어리 같았다. 가족들이 다들 먹고살기 정신없었다. 육아에 아무도 손 빌려주지 않았던 그때 그 시절의 유일한 해결책은 혼자 술 마시는 것과 운동, 그리고 자투리 시간에 심리학 관련 책을 읽는 것이었다.

우리 집은 거의 매일 택배가 집 앞에 놓인다. 하루에 한두 제품을 주문하는 것도 아니다. 돈 자랑할 것도 없지만, 꼭 필요한 물품만 주문해도 항상 택배가 쌓인다. 나는 일상생활에서는 그게 무엇이든 대부분은 갖춰 놓고 살아야 하는 사람이다. 다른 것은 몰라도 일상생활에서만큼은 결핍 없이 살아야 한다.

무엇보다 질 좋은 식품과 영양가가 우수한 음식을 좋아한다. 양보다는 질이다. 그런데 손이 큰 것인지 매번 무언가를 만들어도 1인분이 아닌 3인분이 된다. 우리 집의 마른 체질들을 잘 먹이기 위해서였기도 했다. 무언가를 만들면 사진을 찍어 곧잘 인스타그램에 올리곤 한다. 그러고 나서 맛있게 먹는 것이 좋다.

여자는 부지런하면 손이 고생한다. 나는 설거지할 때 맨손보다는 꼭 고무장갑을 착용한다. 피부가 약한 편이다. 그래도 일하다가 답답하면 그냥 손으로 이것저것 정리한다. 집에 있는 식기세척기도 처음부터 아예 사용하지 않고 있다. 처음 들인 그대로, 종이까지 새것을 자랑하는 듯 끼워져 있다. 오븐도 마찬가지다. 누구라도 세척기와 오븐을 열어보면 부지런하다고 칭찬할지도 모르겠다. 아니면, 있으면서도 안 쓰냐고 바보라고 할 수도 있다.

피부가 약한 편이지만, 나는 물이 손에 닿는 것을 좋아한다. 그래서인지 세척기 대신 개운한 느낌이 드는 설거지가 좋다. 그리고 오븐 대신 에어프라이어가 기름기 제거도 간편하고 좋다. 종이호일 한 장 걷어내고 바로 설거지하면 된다.

가족들이 먹고 나면, 설거지가 적지 않다. 그냥 그릇이 쌓이는 것이 싫다. 싱크대에 쌓여 있으면 더 정리하기가 귀찮아질 것 같아서 바로바로 치운다. 계단이나 의자에 아무렇게나 앉아 있는 것도 편해서 좋다. 내가 남동생들만 있어서 여성미가 떨어지는 것인지도 모른다. 손에 물을 묻히면서부터 사치처럼 느껴져 귀금속은 전부 운전면허증처럼 장롱 신세가 되었다.

요새는 유튜브가 재미있어서 어느 순간부터 TV 시청을 안 하고 있다. 주야장천 보면서도 구독한 채널은 관심 있는 분야 몇 개뿐이다. 우연히 알고리즘으로 보다가 십분 공감하기도 한다. 이제 유튜브는 나의 소확행 중 하나가 되었다. 없으면 안 될 정도다. 발라드 음악보다는 실시간 영상에 더 귀가 쫑긋해진다. 그냥 무작정 틀어놓고 글을 쓰거나 책을 읽기도 한다. 명상이나 힐링 영상도 꽤 올라와 있어서 스트레스 해소가 적지 않게 되고 위로가 된다.

50대 중년에게 조심스럽게 바라는 것이 있다. 유튜브를 보며 가벼운 스트레칭부터 시작해보는 것은 어떨까? 운동도 하다가 멈추면 몸에서 바로 신호가 오기도 한다. 내게 있어 스트레칭은 어느 순간 힐링 요가가 되고, 에어로빅은 근력 운동이 되었다. 헬스장에서의 기구 운동은 러닝머신이나 어쩌다 밟게 되는 자전거 외에는 안 하게 되었다.

운동은 자신에게 맞는 종목을 찾아서 가볍게 시작해보는 것이 좋다. 요즘은 유튜브가 꽤 활성화되어있어서 홈트레이닝이 최고라고 느껴질 정도다. 많은 사람에게 치일 일 없이 거실에 매트리스 한 장과 땀 닦을 수건 한 장, 마실 물만 있으면 끝이다. 그리고 자신만 부지런히 규칙적으로 생활하고 꾸준히 운동하면 된다. 시간 낭비 없이, 오롯이 나만의 시간에 자기계발도 할 수 있다.

물감 놀이는 스트레스 해소에 좋다

나 스스로 비싼 예술작품을 만들어 낼 수 있는데
굳이 뭐하러 그런 것을 사야 합니까?
– 피에로 밀라니

나는 고요함 속에서도 가라앉지 않았다. 차분하고 안정적인 즐거움을 찾고 싶었다. 코로나19가 심각해서 집 밖에서 무언가를 배우는 것은 자연스레 꺼려졌다. 일부러 사람들도 안 만났다. 그냥 누군가를 만나서 밥 먹고 차 마시고 대화하는 자체가 불편하게 여겨졌다. 코로나19를 이유로 거절하기도 쉬웠다. 나만의 시간을 위해 집에서 뭐 할 만한 것이 없을까 생각해봤다.

20대 초반에 취미로 다녔던 디자인아트스쿨이 떠올랐다. 인테리어에 관심이 있던 시절이었다. 우연히 인스타그램에서 '#집콕취미, #방콕취미, #코로나취미, #나홀로취미, #슬기로운집콕생활' 해시태그를 발견했다.

거의 매일 하는 독서는 단순하게 취미를 넘어선 생활이라고 생각했다. 잔잔한 발라드나 록 음악을 들으며 독서만 하기에는 아쉬웠다. 정적인 환경에서 오는 답답함을 해소하고 싶었다.

언젠가부터 나는 손에 아크릴물감과 나무 패널에 깔끔한 흰 종이가 붙어 있는 액자를 들고 있었다. 내가 2년 넘게 꾸준히 하는 취미 생활은 피포페인팅이다. 아직은 다소 낯선 채색 놀이라 잘 모르는 사람이 많다. 주위에서 "넌 집에서 맨날 뭐 하고 있느냐"라고 물어보면, 채색한다고 한다. 그러면 대뜸 "그게 뭔데?"라고 하거나 "뭐하러 그런 것을 하냐?" 하는 핀잔을 듣기 일쑤였다.

피포페인팅은 바탕에 완성된 그림의 도안이 그려져 있는 유화다. 그래서 부담 없이 선택했다. 노년에 화가가 되고 싶은 목표가 있다면, 직접 스케치를 해야 한다. 그냥 뭐든 취미도 스트레스 없는 것을 하고 싶었다.

첫 채색을 가볍고 귀여운 사이즈로 시작할까 하다가 큰 사이즈를 선택했다. 페인팅에 관한 리뷰를 보면 무모한 도전일 수도 있겠다는 생각이 들었다. 그러나 완성된 그림을 상상해보니 조금은 욕심을 부려보는 것도 나쁘지 않을 것 같았다. 나의 첫 물감 놀이의 작품명은 봄꽃이 만개한 '그레이스'다.

50부터 시작하는 공부의 즐거움

2020년 3월 4일 나의 슬기로운 집콕 취미가 시작되었다. 꼭 해야 하는 일 외에는 자투리 시간까지 끌어모아 물감 놀이라는 미술 세계에 빠져들었다. 첫 작품은 4일 만에 완성했다. 처음 도안을 접했을 때는 아찔했다. 도면이 예상보다 꽤 복잡하고 어지러웠다. 내가 과연 이걸 완성할 수 있을까 싶었다. 유화는 수채화처럼 붓에 물을 많이 묻힐 필요가 없다. 붓에서 물 떨어지는 느낌이 없어서 뒷정리가 편했다. 아크릴 냄새가 집 안에 배이기 쉽다. 요리도 마찬가지지만, 특히 화학 성분이 강한 물감은 머리가 금세 아파진다. 환기가 필수다.

디자인아트스쿨을 다닌 이후로 일하면서 결혼하고 3개월 정도 화실을 다녔다. 어릴 적부터 손으로 주물럭거리는 찰흙 놀이나 창작 놀이를 좋아했다. 뒷심이 약했는지 상황이 그랬는지 완성해서도 성취감을 크게 느끼지는 못했다. 항상 아쉬웠다.

화실에서 미술의 세계에 입문하면 가장 먼저 데생을 그리기 시작한다. 나는 예향의 도시에서 나고 자라 토박이로 살면서 예술 하나쯤은 해보고 싶었다. 선이 약한 연필스케치보다는 단단하고 거침없는 스케치를 배우고 싶었다. 맨날 손날에 시커멓게 묻어나도 4B 연필의 사각거림이 좋았다. 사각사각. 이젤 사이에 놓아두고 쓱쓱 닦는 4B 연필용 점보 지우개의 향이 좋았다. 그렇게 한참을 틈만 나면 예술의 거리에서 살다시피 했다.

석고상을 빤히 바라보고 각도 재며 그리는 데생 스케치는 한정적이었다. 예술의 거리 화방과 화실에서 아그리파 석고상을 바라보고 있으면, 뒤숭숭한 마음이 깨끗해지는 기분이 들기도 했다. 상당히 고귀한 조각상 같았다.

미술을 전공한 전문 미술인이 아닌 이상 내가 할 수 있는 취미 미술로는 한계가 있었다. 내 삶은 무난했고 안정적이었다. 그리고 차분했지만 바빠서 일상은 늘 지쳐 있었다. 내 삶에 무모한 도전이란 없었다. 무언가를 하기에도 불안했다. 모험하기에는 큰 결심이 필요하지 않은가.

취미생활도 배움이다. 주부가 할 수 있는 취미는 뜨개질부터 코바늘뜨기, 수세미 만들기, 십자수, 방석 만들기, 빵 만들기, 옷 만들기 등이 있다. 진짜 손재주가 많은 사람을 보면 재봉 박는 일도 잘하고 못질도 거침없다. SNS를 보면, 집 인테리어를 자랑하듯 커튼도 쉽게 만들어서 달고 책상도 뚝딱뚝딱 만들더라.

나열한 것 중에서 내가 할 줄 아는 것은 뜨개질과 빵 만들기밖에 없다. 뜨개질도 하기 쉬운 목도리만 많이 짰다. 십자수는 눈 아파서 못하겠고, 코바늘은 감질나서 못하겠고, 수세미는 그냥 하나 사기로 했다. 방석도 예쁜 디자인이 넘친다. 옷도 입었을 때 그냥 '나다' 싶은 옷이나 편한 스타일을 좋아한다. 꾸미는 것을 싫어하지는 않지만, 걸

50부터 시작하는 공부의 즐거움

리적거리는 것을 선호하지는 않는다.

이런 내가 장시간이 필요하고 끈기가 필요한 피포페인팅에 빠졌다. 현재까지 인스타그램에 업로드한 작품이 스무 작품쯤 되는 것 같다. 언제까지 피포페인팅만 할 수는 없겠지만, 다양하게 물감 놀이를 할 수 있는 채색은 스트레스 해소에 적잖은 도움이 된다.

내게는 즐거운 취미라서 중간에 한 템포 쉬더라도 쉽게 접을 것 같지는 않다. 도면을 보고, 패널을 보며, 숫자를 찾아, 물감 뚜껑을 여는 과정부터 시력 저하를 부르기도 한다. 다행인지 아직은 돋보기가 필요하지는 않다. 도면에 점만 찍어놓은 것 같은 부분이 꽤 있는 복잡한 작품도 있다. 가끔 손거울 같은 돋보기를 사용해 그림에 기울여 숫자를 찾는다. 가격도 저렴한 취미생활이다. 몇천 원부터 1~2만 원대로 나만의 멋진 그림을 완성할 수 있다. 난 부담 없이 할 수 있는 미술이 좋다.

내가 사는 고향은 예향의 도시다. 지역마다 다를 수는 있겠지만, 중고서점에는 인테리어가 피포페인팅으로 가득했다. 시내 지하에 있는 서점인데 계단을 내려가자마자 입구에 피포페인팅 완성품이 하나 이젤에 놓여 있었다. 별도 코너에서 손쉽게 접할 수 있는 미니 사이즈부터 보통 규격으로 가장 많이 나오는 40x50 사이즈, 빅 사이즈까지 다양하게 화가처럼 채색할 수 있다.

한 번 명화 그리기에 도전해보자. 장시간이 걸리기에 어렵고 힘든 것은 사실이다. 채색에 몰입하다 보면, 뒷목 당긴다는 리뷰도 있다. 끈기와 인내심으로 숫자를 찾아서 하나씩 물감으로 메우면 심리적인 안정감이 생기기도 한다.

피포페인팅이 한 작품 완성되면 성취감이 생겨 큰 기쁨으로 다가온다. 완성작을 하나씩 보고 있으면 뿌듯하다. 과정은 절대 만만치 않다. 유화의 특성상 물감이 마르면 숫자가 보이지 않도록 여러 번 덧칠해야 하는 것들도 있다.

보통 두어 번 덧칠한다. 그런데 묽은 물감이나 도면의 숫자가 선명하면 대여섯 번 덧칠이 필요한 도면도 있다. 그래도 종이가 찢어지거나 구멍이 뚫리진 않는다.

사무실이나 가게, 집 거실 벽에 내가 만든 그림을 한 점 정도 걸어두면, 더할 나위 없는 인테리어가 탄생하지 않을까? 독서를 하다가 졸릴 때 잔잔한 음악을 켜놓고 물감 놀이에 시선을 돌려도 좋겠다. 자연스럽게 주위에서 화가냐고 물어올 것이다.

외국어의 기본은 영어가 아닐까?

우리는 지금 얼마나 아름다운 상태에 있는가.
이제 평화가 선언되었다.
– 나폴레옹 보나파르트

팝송을 흥얼거리다가 막힐 때만 힐끗 가사를 보더라도 저절로 기억해버린다. 영어를 싫어하는 중학생도 좋아하는 팝송 가사를 쓰다 보면 자연스럽게 암기가 된다. 눈보다 입으로 읽는 편이 기억에서 오래 남고 확실해진다.

사람은 누구나 같은 일을 계속 반복하게 되면 점차 싫증이 나기가 쉽다. 외국어 공부도 마찬가지다. '무한 반복', 반복의 중요성을 강조하며 스파르타식의 주입식 영어 공부가 스트레스의 시작일 수도 있다. 하지만 어학 공부는 장기적인 전략이 필요한 무한 반복이 맞다. 돌아서면 잊어버리기 쉬운 중년일수록 더욱더 반복이 필요하다.

'반복만이 살길'이다. 영어 공부는 나이가 들수록 중요하고 '뇌 건강'에 정말 좋다. 반복 학습은 치매 예방에 도움이 된다. 영어만 잘한다면 국어 실력 향상에 도움되는 번역을 할 수도 있다. 나이가 있다고 해서 지레 겁먹을 필요는 없다. 번역하다 보면 국어 어휘력 향상에도 좋다.

영어 공부는 어떤 공부 방법이든 효과 있다. 누구에게나 다 통하는 방법은 아니다. 그래서 내게 맞는 공부법이 중요하다. '영어 왕초보'라면 알파벳부터 다시 시작하면 된다. 영어 단어 받아쓰기 책을 구입해서 차근차근 시작하는 것이 좋겠다.

영작할 수 있는 수준이 되면, 영어에는 어느 정도 자신감이 붙는다. 영어 시험에도 자신감이 생길 수 있다. 어느 하나에 목표를 정해서 그 원하는 목표를 위해 영어 공부하는 사람도 있다. 시험점수에서의 적지 않은 충격요법(?)도 괜찮다. 공부해야 할 이유로 영어 공부가 준비되었다면, 레벨과 목적을 위한 공부를 시작해야 한다. 무조건 문법과 단어가 영어의 시작이다.

일본은 '고령의 가이드'가 많다. 우리도 중년이라고 일을 못 할 이유는 없지 않나. 50세의 나이에 접어들면 아무래도 건망증이 더 잦아진다. 우리나라 말인 국어도 돌아서면 잊어버리기 쉽고, 눈으로 보고 있어도 바로 잊어버리기 쉽지만, 계속 공부하다 보면 결국 '나만의 공부법'이 생길 것이다.

외국어 공부를 하다 보면, 치매 예방에도 좋고 경쟁력이 높아지기 마련이다. '노후의 행복 지수'는 배움이 정말 필요하다. 머리를 계속 쓰다 보면 '엔도르핀' 생성에도 좋다. 한 예로, 밀가루로 만든 가짜 진통제를 진짜 진통제로 알고 먹게 되면, 뇌에서 엔도르핀이 나와서 통증을 느끼지 않는 것으로 밝혀졌다. 그래서 아프지 않고, 괴롭지 않고, 할 수 있다는 긍정적인 사고가 비관적인 사고보다 뇌에 있는 마약 체계를 효율적으로 자극해서 우리 몸을 각종 질병으로부터 방어할 수 있게 해준다.

영어 단어는 3,000개 정도만 잘 암기하면, 어느 정도 생활영어는 원활해진다. 초등과 중등 수준의 영어책을 준비해서 모르는 단어와 문법을 외우는 방법으로 공부해보는 것이 좋다. 영어 공부의 시작은 단어 암기다. 단어는 외우는 것보다는 이해하는 것이 좋다.

영어를 잘하는 '공부의 신'들은 '어원맵'을 만들어서 여기저기에 붙이고, 단어를 이해하다가 독해 문제를 풀어내기도 한다. 어느 의사는 영어 공부를 할 때 의학 관련 용어를 이미지화해서 기억하면 좌뇌와 우뇌가 동시에 사용되면서 기억력이 최고가 된다고 했다. 한 장 한 장 차근차근 내 것으로 만들다 보면, 처음에는 시간이 다소 걸려도 나중에는 영작할 때 큰 도움이 된다.

　우리는 중년인 지금이 얼마나 아름다운 상태에 놓여 있는지를 알아야 한다. 어느새 자식들이 성장했다. 비교적 평화로운 우리에게 오롯이 공부할 수 있는 시간이 주어졌다. 불필요한 시간 낭비를 대폭 줄인다면, 직장생활이나 집안일에 충실하면서도 자투리 시간까지 하루 3~4시간은 충분히 만들 수 있다.

　어떤 방법이든 영어를 너무 어렵게 생각하지 말자. 단어와 문법은 영어의 지렛대와 같다. 지렛대가 튼튼하지 않으면, 쉽게 무너지기 마련이다. 영어 실력을 쌓는 데 한계를 마주하게 된다. 그리고 초심으로 돌아가서 처음부터 다시 시작해야 한다. 지렛대의 힘은 아주 중요하다.

　대부분 영어를 처음 시작할 때 영어책을 사게 된다. 영어책 10장 이상 넘어가 본 적이 얼마나 있을까 되짚어보자. 열정적으로 시작했다가 책을 덮고 또 사고, 새로운 책이 눈에 들어오면 다시 또 사고…. 영어책도 참 다양하다. 어렵고 재미없는 영어책은 쉽게 덮어버리기 마련이다.

　영어는 문장이 흥미롭고 재미있어야 공부가 즐겁다. 생활영어 중에서도 코믹 요소가 포함된 문장이 인기가 있고 시선을 끈다. 쉽고 편한 영어로 공부를 시작한다면 지루하지 않고 재미있게 할 수 있다.

누구나 다 잘하고 싶어 하지만, 생각만큼 쉽지 않은 공부가 영어다. 우연히 원어민과 대화를 할 자리에 가거나 길에서라도 마주치면, 말을 걸어올까 싶어서 눈부터 피하기 일쑤다. 중년일수록 더 어려운 것이 사실이다. 어렵고 낯설지만 자주 부딪혀야 내게 도움이 된다고 생각해야 한다.

Better late than never.
늦어도 안 하는 것보다 낫다.

No pain, no gain.
고통 없이는 얻는 것도 없다.

영어 공부를 시작하려고 할 때, 자신이 필요로 하는 영어가 어떤 레벨인지를 알아야 한다. 하나의 목표를 정하자. 그리고 그 목표 달성을 위해서 얼마만큼의 시간과 노력을 쏟을 각오가 있는지를 진지하게 생각해봐야 한다.

영어는 인생의 고비마다 꼭 필요한 어학이라고 생각한다. 그래서 영어는 혼자서라도 자연스럽게 구사할 수 있는 실력을 갖춰야 살아남을 수 있다. 코로나19 시국에 적합한 '비대면 공부'로 가장 좋은 것이 영어다.

비교적 손쉽게 접근할 방법 중에서 '미드(미국 드라마)' 보기와 '이솝 우화'로 배우는 영어가 있다. 지루하지 않고 재미있게 배울 수 있는 영어 공부 방법 중에 가장 흥미롭다. 어휘력 향상을 위한 공부와 함께 '즐겨 보는 영어'가 싫증이 나기 쉬운 중년에게는 유쾌한 영어가 될 수 있다.

영어 공부를 위한 목표를 정해서 꾸준히 해나가는 것이 중요하다. 만약 자신이 강의해야 하는 한다면 무대 위의 자신의 모습을 상상해 보고 구체적으로 어떻게 영어 공부를 할 것인지 계획을 철저하게 세워야 한다. 가장 지적이고 품격있게 나이 드는 법은 '남의 나라 언어 배우기' 라고 한다. 참 매력적이지 않은가.

자기계발의 시작은 영어다. 영어 일기를 쓰면서 영작 실력을 키우는 사람도 있고, 온라인에서의 카페 활동이나 밴드 활동으로 하루 10분 정도의 시간 활용으로 매일 조금씩 꾸준히 공부하는 사람도 많다. 한 번 부담스럽기 시작하면 계속 부담감만 생기는 자기계발이 어학 공부다. 영어는 얼마든지 쉽고 편하게 접근할 수 있다. 배움은 성실함과 끈기, 그리고 노력만 있으면 된다.

걷기는 스마트폰을
적극적으로 활용하자

모든 운동 중에서 걷기가 최고다.
- 토머스 제퍼슨

우리는 장기간의 집콕 생활로 많은 부분이 느슨해져 게을러지기 쉬운 상태가 되었다. 아무래도 환경 자체가 상당 부분 바뀐 사람도 꽤 있을 것이다. 길어지는 팬데믹으로 누구든 신체활동이 크게 줄었다. 팬데믹으로 제한된 일상생활이 많아졌고, '위드 코로나 시대'가 되었다. 각종 바이러스로 야외 활동이 많이 줄었다. 꼭 필요한 상황과 중요한 약속 외에는 사람을 만나는 일도 확연히 줄어들었다.

몸과 마음이 다소 지친 요즘에는 가볍게 운동을 시작해보는 것도 좋다. 운동도 거창한 계획보다는 우선 '팔과 다리만 움직여보자'라는 생각으로 집 밖에 나가서 천천히 걸어보는 것은 어떨까?

제자리 걷기는 하체 발달에 좋다. 최대한 무릎을 더 높게 들어 올리면, 운동 효과가 배가 된다. 하루에 30분 정도씩 시간 내서 집 안에서 가볍게 걸어보는 것도 좋은 걷기 방법이다. 튼튼하게 체력을 기르다 보면, 자연스럽게 둔해진 몸이 한결 가볍게 느껴진다. 또한, 집에서 무심코 주섬주섬 챙겨서 먹게 되는 간식도 조절할 수 있다. 제자리걸음은 무릎을 가슴 쪽으로 최대한 들어 올리면서 30분 이상을 유지하는 것이 좋고, 상대방과 대화할 때는 숨이 약간 차는 정도로 유지하는 것이 좋다.

걷기는 대표적인 유산소 운동이다. 손에 스마트폰을 쥐고, 다른 한 쪽 손에 생수 한 병이면 충분한 소확행 운동이라고 생각한다. 걷기는 우울증 예방과 치료에도 십분 도움이 된다. 또한, 다이어트를 할 때 체지방 분해에 효과적이다. 헬스나 요가와 함께 누구라도 손쉽게 접근하는 운동이 걷기다. 하루 40분이면 충분하다.

걷는 중에 물을 마시면 신진대사, 노폐물 배출 및 체열 발산에 도움된다. 또한, 도구와 장소에 제한이 없는 걷기는 운동강도의 조절이 가능하고 남녀노소 쉽게 접할 수 있는 '생활형 운동'이다. 의자에 오래 앉아 있는 사람이라면 다리가 자주 붓는다. 걷기는 혈액순환이 잘되도록 도와준다. 체중감량이 목적이라면 다이어트에도 좋다.

꼭 40분이라는 시간을 정해놓지 않아도 된다. 일상생활에서도 충분히 가능하다. 튼튼한 두 다리만 있다면 어디로든 무작정 걸어도 좋고, 출퇴근할 때 한두 정거장 일찍 내려서 걸어도 좋다. 그만큼 걷기는 따로 시간을 내지 않아도 충분히 가능하다. 요즘 걷기운동은 아주 필수적인 운동이다. 제자리 걷기부터 선수가 하는 경보까지 다양한 방법이 있다.

걷기는 면역력 키우기에도 도움된다. 또한, 자세 교정에도 좋을 뿐만 아니라 스트레스 해소 및 체중 조절, 심혈관질환 위험 감소, 치매 예방, 뼈 건강, 창의력 향상, 수명 증가, 당뇨병 예방, 폐 건강 및 하체 건강에도 좋다.

올바른 걸으려면, 턱을 아래로 약간 당긴 상태에서 발끝과 무릎은 일자로 하고, 어깨와 등을 펴고 정면을 주시하며 양팔을 가볍게 앞뒤로 흔들며 걷는다. 허리를 곧게 세우고 배에 힘을 주고 걸으면 자세 교정에도 좋다.

'1만 보 걷기'를 한다고 하자. 칼로리 소모량을 계산해본다면 대략 500kcal라고 한다. 홈트레이닝 다음으로 야외에서 공기를 마시며 걷는 운동은 돈이 들지 않아서 많은 사람이 선호한다. 산책하듯 생수 한 개만 챙겨서 그냥 자연스럽게 집 밖으로 나오는 순간부터 걷기의 시작이다.

걷기운동을 할 때 주의할 점은, 자칫 기울어지기 쉬운 몸의 각도와

불필요한 물건을 몸에 소지하지 않는 것이다. 그리고 적당한 보폭과 서두르지 않는 안정적인 자세가 필요하다. 걸을 때 곧바로 빠르게 걷는 것보다 천천히 속도를 내는 것이 좋다. 팔을 흔드는 각도 역시 중요하다.

건강을 위해 허리춤에 차고 걸었던 만보기는 요즘에는 보기가 드물다. 대신 가속도 센서를 탑재한 스마트폰이 대세다. 일단, 스마트폰은 허리에서 걸리적거리는 물건이 아니다. 걷는 중에 땀이 나도 크게 불편하지 않고, 걷는 도중에 지인들과 연락을 주고받기도 편하다.

또한, 스마트폰은 단순하게 걸음 수만 재지 않는다. 칼로리 소모량을 계산할 수도 있고, 걸음 수만큼 온라인 캐시를 주기도 한다. 캐시가 모이면 귀가할 때, 시원한 음료수를 하나 사 먹는 사람들도 제법 있다.

제자리 걷기는 홈트레이닝으로도 쉽게 접할 수 있는 운동이다. 유튜브 홈트레닝 채널을 보면, 워밍업 단계에서 제자리에서 열심히 걷는 동작도 있다. '실내 만 보 걷기'는 집 안에서도 가볍게 할 수 있는 운동이다. 특히, 요즘처럼 외부 활동이 현저하게 줄어든 상태에서도 부담 없이 할 수 있다.

활동량이 급격하게 줄어들었는데 몸을 그대로 방치하면, 움직임이 둔해져서 체지방이 증가하고 근력이 줄어든다. 그러다 보면 근력손

실이 오기 쉽고, 면역력과 체력이 감소하게 된다. 제자리 운동 효과 중에는 등살과 뱃살, 팔뚝 살과 허벅지살 제거에 도움을 주고 필요한 근육량도 증가시켜 준다. 남녀노소 누구에게나 도움이 되는 운동이다.

스마트폰으로 좋아하는 음악을 들으면서 경쾌하거나 차분하게 리듬을 타며 걸어보는 방법도 좋다. 댄스 음악이라면 살짝 빠르게 걷기, 발라드 음악은 일상 보폭으로 걷기를 하며 기분전환을 하면, 따로 돈 들이지 않고도 꽤 괜찮은 운동이 된다.

꼭 음악만 고집하는 사람이 아니라면, 30분 정도 되는 자기계발 영상이나 명언 영상을 들어도 시간을 유용하게 쓰는 방법이다. 자투리 시간으로 무언가 걸으며 암기할 수 있는 공부도 좋고, 관심 분야의 영상을 틀고 열심히 걸어보는 것도 추천한다.

걷기는 치매, 관절, 척추, 당뇨에도 좋은 영향을 미친다. 걷기는 큰 힘을 들이지 않고 체지방을 뺄 수 있는 운동이다. 체지방이 감소하면 인슐린 저항성이 낮아진다. 걷기운동을 꾸준히 해서 체중과 체지방 조절을 하면 좋다. 또한, 걷기운동으로 연골에 적당한 압력을 주면 연골이 튼튼해진다.

보행 중추는 뇌의 전두엽에 있다. 걷기 패턴을 보면 이 사람이 뇌에 문제가 있는지 건강한지 분석할 수 있다. 1주에 3~4회 정도, 약 40분간 약간 빠르게 걷기운동을 하면 치매 예방에도 좋다. 약간 빨리 걸으면 척추에도 좋다. 헬스장에서 쉽게 접하는 러닝머신 위에서의 걷기는, 앞만 바라보고 똑바로 걷는 데 필요한 근육만 쓰게 된다.

야외에서 계단이나 경사면, 오르막길과 내리막길을 걷다 보면, 정말 다양하게 하체 근육을 쓸 수밖에 없다. 근육량을 높이려면 천천히 걷다가도 중간중간 빠르게 걷는 것이 도움이 된다.

중년일수록 식습관 관리가 중요하고, 운동도 몸에 무리가 가지 않는 가벼운 걷기가 좋다. 체력보다 마음이 앞서서 20대, 30대처럼 처음부터 에너지가 강한 운동을 하면 포기하기가 쉽고, 그만큼 빨리 지치고 힘들어진다.

꾸준히 할 수 있는 가벼운 운동이 정신건강에도 좋다. 걷기로 허벅지 근육을 강화하면, 노년이 되어서도 큰 무리 없이 일상생활을 할 수 있다. 걷기에 좋은 장소는 근린공원과 호수길, 그리고 산책로가 좋다. 어느 지역이든 맑은 공기와 탁 트인 공간이 걷기에는 더할 나위 없는 곳이다. 자연을 벗 삼아 산책하기에도 좋은 장소다.

책에서도 배울 것이 차고 넘친다

인생은 한 권의 책과 같다.
어리석은 사람은 아무렇게나 책장을 넘기지만
현명한 사람은 한 장 한 장 찬찬히 읽는다.
– 장 파울

수도권 사람은 타지방 사람들에게 말투가 아주 정중하다는 말을 듣는다. 그런데 한편으로는 배타성이 강한 지방색을 나타내고, 타지방 사람들과는 잘 어울리지 않는다. 그리고 속마음을 털어놓지 않는다는 평을 듣는 일이 많다.

사람들의 술을 마시는 속도에 대해서 살펴보자. 특징적인 유형으로는 다른 사람에게 구애를 받지 않는다. 그저 내가 '편한 속도'로 마시면 된다. 급하게 술을 마시는 유형과 자족하며 천천히 술잔을 기울이는 유형이 있다.

술을 급히 마시는 사람이 외향적일 듯하지만, 매우 신경질적인 성격이 많다. 성격 역시 급하다. 또 상대방보다 빨리 취해서 자신의 소심함을 숨기려고 한다. 한편 술잔을 기울이며 홀짝거리는 사람은 내성적인 성격을 가진 경우가 많다.

히스테리 성격에는 다음과 같은 특징이 있다. 지기 싫어하며 자기중심적이다. 그리고 의지가 약하며, 유행에 민감하다. 춤이나 승부를 좋아하고 낭비를 일삼는다. 어린아이 같기도 하다. 실제로는 차가운 성격인데 남 앞에서는 정열적인 사람처럼 꾸민다.

만약에 아무리 노력해도 참을 수 없는 상사가 있다고 하자. 상사가 눈치채지 못하게 간단히 쫓아낼 수 있다. 그 사람의 일상생활을 조금씩 변화를 시키면 된다. 사소한 변화의 집합이 스트레스를 축적해 그 사람을 노이로제에 걸리게 한다. 그래서 마지막에는 회사를 그만두지 않을 수 없는 지경으로까지 몰아가면 된다.

물론 불만의 원인은 현상에 대한 불만에서 시작된다. 그보다 더 큰 원인은 이 불만들을 해소할 수 있는 이유가 생기면 불만은 자연히 없어지게 마련이다. 한 인간 속에도 본래의 여러 가지 성질이 있다. 하나의 면만이 두드러지고 강조되어 그 사람에게 어떤 딱지가 붙는다면, 사람들에게 강한 인상을 주기 마련이다. 그렇게 되면 판단에 왜곡을 일으키기가 쉽다.

책은 물건이라 누구나 편하게 접근할 수 있다. 유명인의 강의보다는 독서로 인생을 배울 수 있어서 훨씬 쉽게 접하게 된다. 사회생활을 하다 보면, 괜찮은 인간관계 유지가 쉽지 않다. 나 자신을 성장시킬수록 내 주변에도 꽤 그럴싸한, 인성 좋은 사람들이 모여들지 않을까?

인간관계도 책 속에 정답이 있다. 여러 저자의 책을 읽다 보면 '이 사람은 이렇고, 저 사람은 저렇구나' 하며 공감되기도 하고, 사람을 파악하는 시각이 길러진다.

정말 많은 유명인사가 독서의 중요성을 말한다. '책 속에 길이 있다'라는 말처럼, 처한 상황이 어렵고 고통스러워도 울면서 책을 읽는 사람도 있다. 먼 미래를 위해 지금 현실이 힘들어도 무한 긍정으로 힘찬 도약을 위한 준비를 하는 것이다.

한동안 주로 읽었던 심리 에세이에 관한 이야기를 해보려고 한다. 우리는 사람과의 대화로 인생을 배우기도 하고, 어느 한 사람의 일대기로 인생을 배우기도 한다. '자서전'에서도 배울 수 있는 것이 정말 많다. 심리학에서는 아주 오래전 역사에서부터 감정 또는 정동이 어떻게 일어나는지 수많은 사람의 학설을 내놓았다.

'제임스'라는 심리학자가 있다. 제임스는 '슬퍼서 우는 것이 아닌, 우니까 슬프다'라고 했다. 그의 저서에는 '우리는 울어서 슬프고, 때

려서 화나고, 떨어서 무서운 것이지 슬퍼서 울고, 화나서 때리고, 무서워서 떠는 것이 아니다'라고 쓰여 있다. 제임스에 따르면 신체의 생리적인 변화의 결과로 정동이 일어난다.

제임스 랑케의 이론은 직감에 반하는 의미도 있다. 그래서 상당히 많은 비판을 받았다. 제임스의 이론이 정동을 설명하는 데 부적합한 학설이라고 말한다.

미리 준비하지 않으면 성공할 수 없다. 언제 어떻게 어떤 방식으로 기회가 올지 모른다. 그 기회를 놓치지 않고 움켜쥐기 위해서라면 지금부터라도 단단하게 내공을 다질 필요가 있다. 대화하다 보면, 상대방의 지적 수준을 어렵지 않게 파악할 수가 있다. 지혜와 지식이 없으면 제자리걸음에서 벗어나기가 어렵다.

실행하지 않으면 바뀌지 않는다. 무엇을 시작하든 지식은 필수다. 상대방에게 만만하게 보이지 않고 노후에 비교적 편안하게 살고 싶다면, 지식을 쌓아야 살아남는 법을 배울 수 있다.

지금부터라도 마음의 양식을 쌓아보자. 매일 쏟아져 나오는 책을 읽어내는 권수가 많은 것보다 '반복 독서'를 통해 자신의 것으로 만드는 독서가 중요하다. 책의 놀라운 점은 유명한 저자를 직접 만나지 않으면, 생생함이 떨어지는 단점은 있지만, 준비할 시간이 충분하다는 장점이 있다.

‘버킷리스트 20가지’ 정도를 적어보자. 너무 오래 고민할 필요는 없고. 그냥 떠오르는 대로 막 적어나가자. 적은 20가지를 위해 최대한 많은 시간을 투자하면서 인생을 살겠다는 마음가짐이 필요하다.

50년쯤 살다 보면, 자신이 무엇을 좋아하고, 또 무엇을 싫어하는지가 명확해진다. 이제는 자신이 좋아하고 즐거운 일을 적극적으로 선택해야 할 시점이다. 자신의 마음속에 숨겨져 있는 욕구를 끄집어내자.

어떤 인생이 될지는 50대부터 판가름이 나기 시작한다. 이제 소모적인 만남의 사람은 슬기롭게 정리해야 한다. 그리고 나 자신을 위해 시간을 쓰자. 더는 미루면 안 된다.

이제는 당신의 생각을 글로 표현할 때다. 지금껏 이야기한 것 중에서 조금이라도 불편한 점이 있다면, 잠시 독서를 멈추고 책을 덮자. 그리고 메모장을 펼쳐서 생각나는 대로 써내려가 보자. 무언가를 적어놓으면, 불필요한 것을 하나씩 정리할 수 있게 해준다. 그리고 시간을 확실히 절약할 수 있다. 꼭 필요한 것들만 해도 바쁘고 정신없는 일상이다.

독서를 하면서 자신을 더욱 성장할 수 있기를 바란다. 지인들과 한동안 연락이 뜸해진다고 해도 나쁘지는 않다. 나 자신을 한층 성장시키다 보면, 언제든 상대방이 먼저 연락하게 될 것이다. 성공한 사람은 어떤 환경에서든 환영받고 누구라도 찾게 된다.

태어나면서부터 우리는 부모님을 통해, 그리고 세상을 통해 정말 많은 것을 익히며 배운다. 처음부터 무엇이든 잘하는 사람은 없다. 성숙해지기 위해 수많은 경험으로 사춘기 때부터는 인생의 희로애락을 배우기도 한다.

무엇이든 하루아침에 바뀌지는 않는다. 딱 한걸음 작은 습관이 인생에서 거대한 변화를 만든다. 아무것도 바꾸지 않으면, 아무것도 달라지지 않는다.

1995년 매튜 본 발레단 단원이었던 아담 쿠퍼는 "제대로 배우기 위해서는 거창하고 교양 있는 전통이나 돈이 필요하지 않다. 자신을 개선하고자 하는 열망이 있는 사람들이 필요할 뿐이다"라고 말했다.

독서는 취미가 아니라 생활이다

긴 하루 끝에 좋은 책이 기다리고 있다는 생각만으로
그날은 더 행복해진다.
- 캐슬린 노리스

놀라울 정도의 기억력으로 유명했던 한 아나운서가 있다. 그는 책을 읽을 때 소리를 내어 읽는 습관이 있다. 이처럼 독서를 습관화하고 기억력을 높이려면 낭독이 도움된다고 생각한다. 독서를 좋아하는 사람은 장시간 책을 읽지 않는다. 책도 처음에 잘 읽힌다고 연속 1~2시간 읽어나가면 쉽게 질릴 가능성이 크다. 그래서 자투리 시간 활용은 예상보다 큰 힘이 있다. 시간을 허투루 쓰지 않았다는 뿌듯함과 조금이라도 읽었다는 성취감이 있기 때문이다. 예를 들면, 좋아하는 클래식 음악이나 영화도 쉼 없이 내리 2~3시간을 듣고 보는 것은 만만치가 않다.

바쁜 생활 속에서 중간중간 영화나 음악을 들으며 휴식을 취할 때 '휴식 독서'로 시작해보는 방법이 괜찮다. 조금씩 습관이 되면, 일상에서도 충분히 책을 벗 삼아 지식을 쌓으면서 여가생활을 즐길 수 있다. 휴가철이 아니더라도 '책 휴가'라는 의미로 무작정 떠나는 사람들도 꽤 있다.

나는 각종 영화와 소설은 실화가 바탕인 작품이 아니면 잘 보지 않는 편이다. 대부분 작품 안에 긴장감이 있고 흥미진진한 소재여야 유명해질 수 있는 작품이 탄생한다. 어떤 장르든 '작품성'이 중요하다. 유명한 작품은 실력 있는 작가가 있어야 가능하다. 그래서 작가도 자연스레 어느 정도는 인지도가 있어야 선호하게 된다. 1~2번쯤 눈여겨보게 되는 작품은 그만큼 작품성이 뛰어나다.

직업이 배우든 가수든 실력 있고 인지도가 있는 연예인에게 눈길이 한 번 더 가고 존중하게 된다. 책도 인지도 있는 작가 위주로 더 많이 읽고 소장하게 된다. 여행 가서 책을 잘 읽는 사람도 있지만, 다양한 분야의 책을 호기롭게 갖고 갔다가 아예 안 읽고 그대로 들고 오는 사람도 있다. 자신의 생활 리듬에 맞게 독서를 즐긴다면 부담스럽지 않게 책을 가까이할 수 있다.

독서의 양상이 바뀌고 있지만, 나는 아직 학생처럼 할 수 있는 '공부 독서'를 선호한다. 불과 몇 년 전까지만 하더라도 책을 읽어도 늘 깨끗한 종이책 독서를 좋아했다. 집 근처에 도서관도 없어서 책을 빌려보지도 않았다. 나는 주로 손에 연필이나 펜을 쥐고 읽기보다는 그저 눈으로만 내용을 파악하며 읽는다. 그리고 새하얀 종이에서 풍기는 특유의 냄새를 좋아한다.

책을 읽어야 '제대로' 실패하는 법을 알 수 있고, 독서가 성장의 디딤돌이 되어준다. 그래서 어떻게 앞으로 나아가는지 알 수 있다. 성공도 중요하지만 '잘' 실패하는 것도 중요하다.

우리에게 책이 주는 혜택은 무궁무진하다. 독서를 하면 공감 능력과 인내심, 논리력이 향상된다. 책을 안 읽는 사회는 갈수록 삭막해질 수밖에 없다. 서로의 공감 능력이 약해지고 있기 때문이다.

나는 첫 독서로 에세이를 읽기 시작하면서 장편 소설과 단편 소설을 흥미롭게 읽게 됐다. 심리 에세이를 읽다가 제대로 인간의 심리를 알아보고 싶다는 마음이 생겼다. 그래서 한동안 집에서 여러 에세이에 빠져 지냈다.

비교적 대화법이 많은 장편 소설과 단편 소설은 실화를 모티브로 한 작품을 주로 읽었다. 그리고 자기계발서를 접하기 시작했다. 자기계발서와 에세이는 비슷하다. 사람의 생각이 대부분 비슷해서라고 생각한다. 그리고 인문학과 고전을 읽기 시작했다. 그런데 요즘은 무작정 '닥치고 독서'를 지향한다. '발췌독'을 선호하는 사람들이 있지만, 나는 비슷한 내용만 아니라면 정독을 추천한다. 정독해야 기억 속에 하나의 작품이 오래 남기 때문이다.

책은 '다시 읽기'도 정말 중요하다. 우리나라 성인은 1년에 책 한 권 읽지 않는 사람이 수두룩하다. 각자 소장하고 있는 책 중에서 '골라서 읽는 독서' 방법도 좋겠다. '책을 접는 독서법'을 선호하는 사람도 있다. 그런데 나는 책 위쪽 모서리만 살짝 접고, 밑줄을 긋지 않고, 포인트로 동그라미나 세모를 친다. 밑줄을 치면, 다시 읽을 때 밑줄 친 내용 전부를 또 읽게 된다.

그리고 책에 따로 포스트잇을 붙이지 않는다. 책장에 꽂으면 구겨져서 떨어지고, 잘 찢어져서 엉망진창이 되기 때문이다.

<당신의 문해력> 프로그램에서의 뇌의 비교에 대해 다뤘다. 책을 많이 읽은 사람이 그렇지 않은 사람에 비해서 전전두엽이 활성화된 것을 볼 수 있었다. 전전두엽은 인지와 추론, 결정과 계획, 집행과 통제 등의 능력을 담당하는 영역이다. 이 부분이 발달하면 문해력과 기억력이 상당 수준이라는 것이 밝혀졌다.

글을 읽기 시작하면 뇌의 모든 영역이 활성화된다. 우선 시각을 담당하는 후두엽이 활성화되고, 청각 신호를 처리하는 측두엽도 자극을 받는다. 문제의 해결과 사고와 기억을 담당하는 전두엽도 중요하

다. 그리고 독서 능력이 어느 정도의 위치에 올라서면, 감정과 운동을 관장하는 부위까지 활용된다.

독서 고수들은 독해할 때 글자만 읽는 것이 아닌, 뇌에 쌓아왔던 배경지식과 이미지로 해석하는 '상위인지' 과정을 거친다. 책을 거의 읽지 않았던 초보 독서가는 글자 자체를 이해하는 데 집중한다. 상위 인지는 인지적 행동에 대한 통제를 말한다.

독서를 시작하면 변화가 시작된다. 주변에서 추천해주는 도서가 아니라 자신이 미루고 미뤘던 책이 있다면, 우선 그 책을 읽어야 한다. 추천 도서를 먼저 읽게 되면 계속 '읽어야 하는데…'하며 또다시 미루기에 십상이다. 자신의 취향대로 순서를 정하지 않는 독서가 좋다. 다양한 분야의 책은 창의력 발달에도 좋다. 책은 일단 쉬워야 한다. 가독성이 좋아야 또 다른 책을 읽고 싶어지기 마련이다.

매일 조금이라도 책을 읽는다면, 불안한 감정을 다스리는 힘이 생기기도 한다. 집중하며 차분하게 시작하는 독서는 매일 아침을 생기 있게 바꾼다. 책 한 권을 완독하면, 욕심이 생겨서 자연스럽게 읽고 싶어지는 책이 좋은 책이다.

독서는 저렴하고 효율적이며, 값지고 의미 있는 가장 강력한 자기계발 방법이다. '자기계발'의 시작은 각종 자격증 취득이나 외국어 공부도 있겠지만, 대부분은 비교적 접근하기가 쉬운 독서다.

　나이를 불문하고 읽기 쉬운 책을 시작으로 공부하는 습관을 키우고 자격증과 어학 공부에 도전하는 사람도 심심찮게 있다. 독서는 장기적으로 내다보면, 시간을 들여 책을 접하면서 인내심과 끈기가 생긴다. 그리고 한 권씩 완독하다 보면, 성취감이 생겨서 자꾸 무언가에 도전하고 싶은 마음이 생기게 된다.

　공부가 무척 하고 싶은데 결정이 어려울 때, '무엇을 먼저 해야 할까?'라는 고민이 생긴다면, 망설이지 말고 집에 아무렇게나 쌓여 있는 책 한 권부터 들고 무작정 읽기 시작해보자. 이제 독서는 취미가 아닌 생활이다.

취미를 직업으로 삼으면 취미가 아니다

예술 중의 예술, 표현의 찬연한 아름다움,
그리고 글자의 빛에서 발하는 광휘로움은 바로 소박함이다.
– 월트 위트만

'장에 가면 수수떡 사 먹을 사람, 도토리묵 사 먹을 사람 따로 있다'라는 말이 있다. 사람마다 능력이나 처지, 취미나 요구 따위가 다르다. 여러 사람이 모이게 되면 자연히 이런저런 부류로 나뉘게 된다는 뜻이다.

한 가지를 오래 하는 취미도 있다. 호기심으로 다양하게 접하기에 쉬운 어릴 때의 취미와는 다르다. 중년의 취미는 안정적이면서도 편안하게 활력을 준다. '마구잡이식 취미'보다는 1~2가지 종류를 꾸준히 즐긴다면 자신만의 색깔을 내기도 한다.

손재주가 좋고 지혜로운 사람일수록 삶에서도 센스가 있어서 할 줄 아는 것이 많다. 할 줄 아는 것이 많으면, 그다지 어렵지 않게 하는 것도 많을 수밖에 없고, 하고 싶은 것도 많을 것이다. 개인적으로 '여성스러운 취미'를 좋아하는 사람들이 부럽다. 값비싼 취미보다는 소소한 것들에서 즐거움과 행복을 찾아내는 사람이 진정 멋지다.

　우리가 대부분 손에 꼽는 취미 중 독서가 있다. 그런데 나는 독서는 취미가 아니라 생활이라고 생각한다. 취미는 좋아하는 분야를 매일 조금씩 하거나 주말에 몰아서 스트레스 해소용으로 하기에도 좋다. 독서는 매일 꾸준히 조금씩이라도 해야 한다.

　독서를 하면 일상 속에서 지식을 쌓아 자격 취득을 해서 직업으로 이어지기도 한다. 책과 관련된 직업은 논술지도사와 독서지도사가 있고, 외국어 도서와 관련되는 직업이 있다. 독서를 통해 심리치료도 가능하다.

　독서는 불안정한 마음을 단단하게 만들어주는 효과가 있다. 그리고 어떤 사람과의 대화에서도 막힘 없이 자신의 지식을 공유할 수도 있고 '무언가 남는 대화'를 할 수 있다.

　취미 중에서 손뜨개와 십자수, 공예와 꽃꽂이를 좋아하고 잘하는 손재주 있는 사람들이 많다. 그들은 코바늘 손뜨개로 수세미부터 모자까지 손쉽게 잘 뜬다.

중년은 중학교 때 가사 시간에 배운 십자수가 있다. 흰 천을 동그란 틀에 끼워서 칸을 세어가며 바느질을 하는데 일일이 칸을 세어서 한다는 것이 나는 내심 스트레스였다. 가정과 가사 시간에 선생님께 배우는 과정은 재미있었다.

실로 하는 취미 중에서 목도리와 스킬자수 외에는 성인이 된 이후로는 시도조차 해본 적이 없다. 그래서인지 뭐든 뚝딱뚝딱 잘 만드는 사람들을 보면 신기하고 대단하게 생각된다. 누군가 한 번 해보자고 하면, 나는 "그냥, 하나 사"라고 한다.

한 번쯤 배워보고 싶은 취미가 있다. 앞으로도 여성스러운 취미는 못할 듯하지만, 종류가 많고, 거친⑦ 취미의 느낌이 있는 공예에 조금씩 관심이 생긴다. 공예는 여성스러운 리본공예와 비즈공예부터 고난이도의 기술과 섬세함, 끈기가 필요한 유리공예와 가죽공예, 비즈공예와 비슷한 레진공예, 마치 짚신을 엮는 것 같은 방법으로 바구니를 만드는 라탄공예가 있다.

공예 중에서 리본공예가 가장 쉬운데, 중년 여성들이 공방에 삼삼오오 모여 앉아 소소한 취미 모임으로 즐기기도 한다. 리본 종류도 다양해서 배우는 재미, 지인과 함께하는 재미가 있다. 비즈공예와 레진은 상당히 섬세하고 꼼꼼한 성격과 차분한 사람에게 잘 어울리는 취미다.

라탄공예는 17~18세기에 사용했다. 종려과에 속하는 칼라마스라는 동양 식물의 나무줄기에서 채취하고, 가볍고 매우 거친 섬유다. 라탄은 주로 의자나 바구니, 두꺼운 밧줄에 사용한다.

공예의 종류 중에서 개인적으로 배우고 싶은 것은 가죽공예다. 가죽으로 가방, 자켓, 핸드백, 부츠를 만들어보고 싶다면, 장인정신이 필요할 듯하다. 나만의 작품으로 무언가 하나쯤은 배워서 사용해보고 싶다. 가죽 특유의 냄새와 보관에 조금은 애먹이지 않을까 싶지만 말이다.

바리스타 자격증에도 관심이 있다. 전부터 해보고 싶었던 분야가 커피였다. 그런데 계획을 할 수가 없었다. 늘 다양하게 무언가를 하고 있었던 이유도 있었고, 상황이 잘 따라주지 않았다.

오전에는 취미생활을 하고 오후에는 여러 곳에서 아르바이트를 하고 있었던 시기였다. 나는 30대 초반쯤부터는 항상 자투리 시간까지 다 끌어모아 시간을 허투루 쓰지 않으려고 애썼다.

자연에 관한 국가자격증도 관심이 생긴다. 자연을 벗 삼아 전원생활을 꿈꾸기도 한다. 노후에 편안하게 살아갈 수 있을지는 모르겠지만, 이제는 노후에도 할 수 있는 어떤 한 분야를 집중적으로 파야 하는 시점이라고 생각한다.

요즘 집콕 생활이 길어지다 보니 '슬기로운 집콕 생활'이 유행처럼 퍼지고 있다. 자투리 시간도 초콜릿을 조각내듯 나눠보자. 각종 취미 생활을 집 안에서 나만의 공간에서 하루 1~2시간씩 해나간다면 무기력한 중년의 삶에도 여유로운 마음이 생긴다.

관심 있는 음악을 들으며 독서를 해도 좋고, 명상이나 무언가에 관련해 모으는 수집도 좋고, 영화를 보거나 조용히 시 한 편을 써도 좋다. 꽃꽂이도 좋고, 아기자기한 소품을 구입해서 나만의 집안 꾸미기를 해보는 것도 괜찮다.

취미는 어려우면 취미가 아니다. 자신이 좋아하는 분야는 어렵지 않고 쉽게 접근할 수 있어야 한다. 값비싼 취미도 좋지만 소소한 취미를 꾸준히 해보면 어떨까?

아주 오랜 기간 해본 취미가 있다. 부모님의 반대가 없었다면 어쩌면 직업이 될 뻔했던 취미였다. 지금 돌이켜보면 '내가 과연 이 나이에도 할 수 있었을까?'라는 질문이 앞선다. 왜 그렇게 반대를 하셨는지 그때는 참 많이 원망스럽기도 했다. 진짜 온전히 직업으로 삼고 싶었는지 나 자신에게 되묻게 된다.

이 분야는 자신이 처한 환경부터 쓸 수 있는 시간과 체력적인 부분까지 신경을 쓰지 않을 수가 없다. 온종일 대부분의 시간을 에너지 넘치게 열정적으로 쏟아내야 하는 분야다. 그래서 좋아하기도 했지만, 직업으로 택했더라면 아마 지금까지는 못 했을 듯하다. 만약 지금껏 하고 있었더라면 무려 20년의 세월이다.

아무래도 몸을 많이 쓰다 보면, 비교적 적신호가 오기 쉽고 다치기 쉽다. 그런데도 정말 열정적으로 몸을 많이 썼던 듯하다. 직업으로 삼기 위해 자격 취득을 목표로 교육도 잠시 받았다. 반대가 심하셔서 상담 끝에 접은 분야라서 구체적으로 언급하지는 않으려고 한다.

만약 우리에게 선택지가 유한하다면, 각종 취미를 통해 여러 직업을 전전하며 살아가는 사람도 많을 것이다. 옛날처럼 한 분야만 집중적으로 파야 살아남는 세상은 아니다. 좋아하는 분야를 취미로 선택했을 때, 꾸준하게 평생 할 수 있는 것인지 충분히 고민해볼 필요가 있다.

취미를 직업으로 삼으면 취미가 아니다. 그리고 취미가 직업이 되었을 때 후회를 안 할 자신이 있는지도 생각해봐야 한다. 취미를 직업으로 정해서 일하다 보면, 즐거움에서 벗어나 '일에 치인다'라는 마음이 앞선다. 그래서 자꾸 계산적으로 행동하게 되는 것 같다.

무언가를 하기 시작하려면, 이것저것 생각해봐야 하는 일이 생긴다. 어떤 것이든 제약은 생기기 마련이다. 목표를 정했으면, 그 하나의 목표를 위해 꾸준하게 노력해야 한다.

50부터 시작하는 공부의 즐거움

PART 5   이제 오롯이
          나를 위해 살아라

독박 육아와 살림은 쉽지 않다

명확히 설정된 목표가 없으면,
우리는 사소한 일상을 충실히 살다가
결국, 그 일상의 노예가 되고 만다.
– 로버트 하인라인

 나는 지극히 평범하고 안전한 삶을 추구했다. 그리고 가족이 최우선이라고 생각했다. 그래서 내 기준에서 무모한 일들은 늘 지양해왔다. 나 자신을 억누르며 무엇을 좋아하는지도, 무엇을 하고 싶은지도 모른 채 하루하루 살아내기 바빴다. 주어진 환경 안에서 매일 최선을 다하자는 생각밖엔 없었다. 그러다 아이들 크는 것과 똑같이 나이를 먹다 보니 어느새 지천명이 되었다. 문득 나 자신을 제대로 한 번쯤은 되돌아보고 싶었다.

 다들 그렇듯 그냥 어릴 적부터 막연하게 '난 작가가 될 거야! 난 디자이너가 될 거야! 난 화가가 될 거야!'라는 장래희망을 마음속으로

만 다짐하고 다짐했다. 그렇지만 꿈을 위해 별다른 노력을 한 것도 아니었다. 그래서 뭐든 날 위한 일은 더는 미루지 않기로 했다. 나 자신을 하찮게 여긴 적은 없었다. 가족을 위해서라면 매일 성실했고 누구보다 최선을 다해 왔다고 자부한다. 매일 그렇게 '엄마'라는 이름으로 최선을 다해 남매를 성장시켰다.

동기부여 강사로 유명한 김미경 작가의 《이 한마디가 나를 살렸다》에는 '이게 내가 진정 원하는 것이 맞아?'라는 내용이 있다. 이 글을 보며 '이게 내가 진정 원하는 삶이 맞는 걸까?'라는 고민이 생기기 시작했다. 아이들이 모두 성장했다는 이유를 내세우기도 좋은 시점 아닌가. 취미생활만 지속해서 이것저것 할 줄 아는 것이 제법 있지만, 이것인 나만 아는 취미다.

게으르면 아무것도 해본 적이 없어서 아무것도 할 수가 없다. 돈이 있든 없든, 타고난 재능이 많든 적든 누구에게나 자신만의 인생 경험이 있다. '살아내는 힘'에도 성적이 있다면 나는 몇 점일까 생각해 봤다. 내 점수는 최선과 열정으로 매겨진다.

나는 주말부부로 살며 15년간의 독박 육아로 인생을 배웠다. 우리 세대에서는 평균적인 나이일 수도 있지만, 1990년대에 IMF가 터짐과 동시에 결혼했다. 그런데도 나름 괜찮은 결혼식을 올렸다. 나이가 어렸기에 지금의 남편을 결혼 목적으로 만난 것은 아니었다. 친구에게서 소개받은 지극히 평범한 직장인이었다. 1990년대 세대는 7080 세대만큼은 아니지만, 결혼을 뭘 모르고 큰 계획 없이 하는 세대기도 했다. 다른 가장들처럼 평범하게 직장생활을 하기를 바랐다.

갑작스럽게 큰아이가 다섯 살이 되었을 때부터 계획에도 없던 주말부부의 삶이 시작되었다. 부모님이 두 분 다 일하고 계셨던 시기라서 나는 단 하루도 여유롭게 쉬질 못했다. 그렇게 누구의 도움도 없이 남매를 혼자 키웠다.

육아맘들 중 더러는 아이를 포대기로 둘러업고 키우는 사람들도 있었다. 난 주로 아기 띠를 등에 메거나 앞에 끼운 채 집안일을 했다. 혼자 키우는 내내 너무 힘들어서 아이들이 껌딱지 같았다. 누군가 그랬다. 육아는 부부가 함께 공동으로 해도 힘들다고.

나는 나만의 인생 경험이 있고 육아 경험이 있다. 아이들은 감사하게도 그 흔한 잔병치레도 하지 않았다. 이따금 장염에 걸리면, 입원해서도 보통 일주일은 있어야 낫는데 내 아이들은 통원으로 3일이면 충분했다. 민간요법의 효능을 100% 신뢰하지는 않는다. 하지만 병원도 한번 가면 계속 다니게 되고, 약도 내성이 생기면 잘 안 듣는 것 같았다.

'그때 그 시절'의 심리학 도서 중에 베스트셀러가 되고 스테디셀러가 된 책이 있다. 정신과 의사인 김혜남의《서른 살이 심리학에게 묻다》와《심리학이 서른 살에게 답하다》, 미치 앨봄의《모리와 함께한 화요일》, 기욤 뮈소의《사랑하기 때문에》, 이문열의《우리들의 일그러진 영웅》은 1쇄가 찍힌 그대로 수십 년이 지난 지금도 소장 중이다. 베스트셀러가 된 책 중에서 종종 꺼내어 읽는 책은 혜민스님의 치유 도서들이다. 친구에게서 선물받아 알게 된《멈추면 비로소 보이는 것들》은 여섯 번 넘게 읽었다.

읽었던 책 중에서 감명받아 베스트셀러에서 스테디셀러가 되었으면 하는 책과 그 책의 저자가 몇 명 있다.《미셸처럼 공부하고 오바마처럼 도전하라》의 김태광 작가,《서진규의 희망》의 서진규 작가,《12가지 인생의 법칙》의 조던 B 피터슨,《시그널》의 김은희 작가,《절대 배신하지 않는 공부의 기술》의 이상욱 작가,《파리의 아파트》의 기욤 뮈소,《2030 축의 전환》의 마우로 기엔,《너무 일찍 나이 들어버린 너무 늦게 깨달아버린》의 고든 리빙스턴,《파리에서 도시락을 파는 여자》의 켈리 최, 그리고《멈추지 않으면 끝나지 않는다》의 작가인 가수 김경호다.

그들의 다양한 활동을 방송과 기사로 접하다 보면, 참 대단한 인생을 살아낸 것 같다는 느낌이다. 나의 삶에 또 다른 목표를 가져다주는 동기부여가 되기도 한다. 정말 존경스럽다는 말이 절로 나온다. 절대 만만하지만은 않았을 멋진 책을 내준 이들이 참 감사하다.

베스트셀러 작가가 되려면, 어떤 노력을 해야 할까? 가장 먼저 나를 드러내는 연습이 필요할 것 같다. 살면서 수많은 사람에게 이리 치이고 저리 치여 상처받고 얼룩진 마음 치유도 필요하다. 갱년기인지 우울증인지 조울증인지 이따금 화가 치민다. 그래서 가끔은 만만한 아이들에게 짜증 아닌 짜증을 내던 일이 요즘 들어 잦아졌다.

어쩌면 지치고 지치는 체력 소모와 나만의 시간이 아직도 부족하다는 생각이 앞서는 이유일 수도 있다. 홀로 어디론가 떠나 며칠 잠만 푹 잤으면 하는 마음도 일었다. 할 줄 아는 것은 하다 보면 누구나 하고 하면 할수록 느는 집안일과 취미로 하는 색칠 놀이, 그냥 막 만드는 요리, 나이에 비해 그래도 아직은 건강한 편에 속하는 튼튼한 몸, 덩치에 안 맞게 발레리나처럼 아직은 유연한 신체 정도밖에 없는 듯하다.

아무 데나 쭈그려 앉아서 초등학생이 읽더라도 부모를 떠올리며 공감하고 술술 잘 읽히는, 여운이 길게 남은 책이나 동기부여로 손꼽히는 자기계발 책을 쓰고 싶다.

독박 집안일을 핑계로 백수처럼 살던 평범한 주부가 매월 1억 원을 벌 수 있을까? 주부도 직업이라고 한다. 해도 해도 표시도 안 나는 집안일에서 보람을 느끼는 사람도 있겠다. 하지만 나를 위한 성장과 꿈을 위해 노력하고 싶은 사람도 있을 것이다. 매월 1억 원을 벌기 위해서는 끊임없이 독자들이 공감할 수 있는 책을 써내는 방법이 최선인 듯하다. 어떤 것이든 모험이 아닌 경험은 없다. 내가 주로 많이 읽었던 책은 심리학에 관한 도서나 에세이 형식인 편식 독서였다. 어려운 책에서까지 스트레스를 받고 싶지 않았던 마음이 컸다. 요즘은 자기계발서부터 어려운 책도 곧잘 읽곤 한다. 지식은 어디 가지 않는다.

내게 있어 1억 원은 단순하게 돈 1억 원만은 아니다. 매월 1억 원은 그저 꿈꾸기만 할 수 있는 돈이라고 생각한다. 연봉이라고 해도 평범한 사람은 쉽게 받을 수 없는 돈 아닌가.

돈은 있다가도 없고 없다가도 있다고 생각하는데 다행스럽게도 어렸을 적에도 주머니에서 돈이 말라본 적은 없었다. 허름한 가방을 들고 낡은 신발을 막 신고 다녀도 수중에 늘 1,000원짜리 한 장이라도 있었다. 감사하게도 어릴 적부터 남에게 아쉬운 소리를 할 줄도 모르고, 해본 적도 없이 살아왔다.

나는 이제 대학 신입생이 된 둘째 아이와 함께 서울 생활을 시작한다. 나는 '빚 없이 남에게 아쉬운 소리 안 하고 살자'라는 주의다. 서울은 집값이 비싸다. 우리 집은 고향에 있으니까 처음으로 월세살이를 시작했다.

또 다른 고생문이 열리는 것 같아서 아찔하다. 뭐라도 해서 먹고 생활하려면, 책을 쓰면서 일을 시작해야 할 것 같다. "열심히 살면, 부지런하면 뭐라도 되겠지"라는 말은 옛말이다. 적극적으로 부딪쳐서 경험하지 않으면 그냥 열심히, 부지런히 살아온 사람밖에 되지 않는다. 평범한 주부의 인생이 크게 대박 나지 않는 이상, 연봉 1억 원도 벌 수는 없을 것이다. 그렇지만 나는 희망을 품고 최선을 다할 것이다.

아직은 하고 싶은 것이 많은 나이, 50

약한 사람은 결정을 내리기 전에 의심하고,
강한 사람은 결정을 내린 후 의심한다.
– 카를 크라우스

나이가 들수록 세상이 두려워지기 시작한다. 그러나 오늘은 내 인생의 가장 젊은 날이다. 40대부터는 중년의 나이가 되고 어느새 쉰 살이 가까워진다. 자신도 모르게 하루하루 걱정과 불안이 생겨 불면증이 생기기도 하고, 슬슬 갱년기가 찾아오기도 한다.

갱년기는 사람마다 조금씩 다르게 나타난다. 대부분 여성의 갱년기는 폐경과 함께 찾아온다. 요즘은 각종 스트레스로 간혹 30대 중반에 폐경을 겪는 사람도 있다. 미혼이라면 참 기가 막히는 상황 아닌가. 이른 폐경으로 인생의 방향이 완전히 달라질 수도 있다. 나라면 너무 억울할 것 같다.

나는 아직 감사하게도 폐경이 찾아오지 않았다. 갑작스럽게 폐경이 찾아와도 쉽게 받아들일 마음의 준비는 되어있다. 폐경이 되면 몸속이 엄청 아프다. 아무래도 혈액순환이 안 되는 이유가 가장 클 것이다. 갱년기 증상을 원천적으로 봉쇄할 수는 없다. 그래도 완화할 수는 있다.

전 세계적으로 코로나19가 심각한 상황이다. 아들은 군 복무 중에 가장 확진자 발생이 덜했던 세종특별자치시에서 군 생활을 잘 마친 병장 출신이다. 화이자 백신 2차 접종까지 하고 무사히 건강하게 제대했다. 그리고 올해 2학년으로 복학한다. 현재는 아빠와 함께 고향 집에서 아주 잘 생활하고 있다.

나는 올해 대학 신입생이 된 딸과 단둘이 서울로 이사했다. 이사하기 전에 도서 출간 계약도 했다. 그렇게 서울에서 학업과 작가의 인생으로 생활을 이어가려고 한다. 우선 서울살이에 적응해야 한다. 어릴 적부터 부유하지는 않았지만, 남동생들과 함께 평범하게 성장하며 결핍은 없이 살아왔다. 지방도 집값은 매물에 따라 가격 차이가 있지만, 서울에 비하면 지방은 집값이 훨씬 저렴하다. 집값이 비싼 서울로 딸과 함께 이사하면서 태어나서 처음으로 월세를 살게 되었다.

배운 것이 도둑질이라는 말이 있다. 현재 나는 아주 오래전에 했던 학원 쪽 일을 생각하고 있다. 월세를 생각하면 집에서 계속 편하게 재택근무하듯 있을 수 없다. 그냥 공부만 하고 글만 쓸 수도 없는 상황이다.

돈이 없다기라기보다는 서울에서도 빚 없이 한번 잘살아보려는 이유다. 매월 고정적으로 지출하는 것 말고도 언제 어떻게 돈이 새어 나갈지는 아무도 모를 일이다.

지방 사람들은 아무리 잘 나가도 서울에서는 어디에서든 명함도 못 내민다는 말이 있다. 요즘 지방은 내 집 마련에 여념이 없는 사람들은 드물다. 부모님이 장만해주신 내 집에서 신혼부터 편하게 생활하거나 신혼부부가 대출을 끼고 집을 사기도 한다. 부부가 맞벌이하며 육아를 양가 부모님에게 맡기는 경우도 적지 않다.

서울은 내 집 마련이 어디 쉬운가. 악착같이 모아서 경기도 쪽으로 작은 집을 한 채 산다면 모르겠지만. 과연 돈 걱정을 안 하고 사는 사람이 몇이나 될까? 돈은 돈에 대한 긍정적인 마인드를 가진 사람에게 모여드는 속성이 있다.

돈을 부정적으로 보는 사람은 결코 큰돈을 모을 수 없다. 진정 부자가 되고 싶다면 생각하는 습관부터 바꿔야 한다. 그리고 돈은 깨끗하게 관리하면 좋은 에너지가 생기기도 한다.

나는 이제 나이가 많아서 일을 가리면 안 될 것 같다. 현재의 내 사고로는, 그냥 버리게 되는 월세가 아깝다. 원래 서울 사람이라면 월세를 크게 개의치 않을 수도 있다. 지금 나의 결심은 체력만 받쳐준다면 여자가 할 수 있는 막노동도 상관없을 것 같다.

나는 명품을 선호하지는 않는다. 값비싼 구두와 가방 하나쯤은 있으면 좋겠다 싶지만, 그냥 비가 막 쏟아져도 아무렇게나 신고 다닐 수 있는 삼선 슬리퍼나 쓰기 편한 에코백이 좋다. 돈이 없어서가 아니다. 그렇다고 돈이 있는 것도 아니다. 그저 밥은 먹고 산다고 하면 맞겠다. 그런데 서울에서는 그 밥도 제대로 못 먹고 살아내야 할지도 모른다.

명품은 하나 사면 계속 사고 싶어진다. 많으면 좋겠지만, 개인적으로 머리부터 발끝까지 명품으로 도배하듯 치장하고 다니는 것은 그다지 좋아 보이지는 않는다. 그게 그 사람의 찐 능력인지, 자기과시용 빚잔치인지도 알 수 없다.

나는 누구라도 사람이 명품이면 좋겠다. 평범한 50대의 중년이라면 센스 있게 지갑 하나면 충분한 것 같다. 앞으로 상황에 따라 가방 정도는 하나 사게 될지도 모르겠다. 정신없이 바쁜 부잣집에서 사장님이나 사모님 소리깨나 듣고 사는 사람들이 아닌 이상, 우리 나이에는 막상 어디 들고 갈 데도 없다. 나는 그냥 사치를 안 할 뿐이다.

30대와 40대 때는 자신과 나이가 비슷한 또래가 얼마나 성공했는지 궁금하다. 나도 모르게 자꾸 신경이 쓰이기 마련이다. 그러나 50대가 되면 학창 시절의 친구들을 가끔 만나도 누가 성공하고 실패했는지는 좀처럼 이야기하지 않는다. 각자 먹고살기 바쁜 이유도 있고, 나이가 들면 일일이 말하는 것도 귀찮아진다. 요새는 자신의 일상이 지치고 버거워서 옛날 사람들처럼 시끄럽게 오지랖을 부리는 사람은 드물다. 누군가를 만나는 것도 벅차고 쉽지 않다.

코로나19가 심각한 이유도 있다. 가족 외에는 고작 일 년에 1~2번 얼굴을 보면 충분하다. 그런데도 같은 하늘 아래에 산다는 것만으로도 서로에게 힘이 되어줄 때가 있지 않나. 각자 최선을 다해 열심히 살아내는 것만으로도 감사할 때가 있다. 나는 나이가 한 살이라도 어릴수록 무엇이든 적극적으로 해보라고 말하고 싶다. 요즘은 자기계발을 중요시하며 자신의 성장을 위해 노력하는 30대와 40대도 많다.

미라클 모닝을 강조하며 독서나 운동, 어학 공부를 주로 하거나 드물게는 신문을 읽는 사람들도 있다. 특히 독서와 운동, 영어는 '미라클 모닝' 시대의 삼 대장이다. 50대의 품격은 말투로 완성된다. 50대가 다른 세대보다 성질이 급한 것인지 화병인지는 모르겠다. 상대방이 상처를 받건 말건, 서슴없이 거친 말투를 내뱉는 사람도 있다. 인간관계에서 모든 것은 말에서부터 시작된다. 무심코 쓰는 자신의 말투와 행동에서 그 사람의 인격을 볼 수 있다. 그리고 사람의 말보다는 행동에서 더 신뢰가 간다.

인생을 살다 보면, 힘든 일을 많이 겪게 된다. 몸은 편해도 정신적으로 힘들 때가 있다. 몸이 힘들어도 정신적으로 편할 수는 없다. 심신이 힘들면 더 괴롭다. 정신적인 스트레스가 육체적인 노동보다 힘들다. 차라리 몸이 고생하고 말자는 뜻이다.

50대인 우리도 아직 하고 싶은 것이 많다. 매일 신선한 음식을 먹고, 끊임없이 건강을 생각한다. 그리고 주 4일 운동하고 산책하며, 독서를 하고 영화를 보며 힐링하는 사람들도 늘었다. 우리는 아직 늦지 않았다. 요즘 나이 쉰 살은 청소년의 에너지가 아니던가. 100세 시대인 요즘 세상에서는 환갑의 나이도 아기다.

영국의 세계 최고 극작가 '셰익스피어'의 명언이 있다. '어리석은 사람은 자기가 현명하다고 생각하지만, 현명한 사람은 자기가 어리석다는 것을 안다.' 셰익스피어는 희극과 비극을 포함한 38편의 희곡과 여러 권의 시집, 소네트집이 있다.

셰익스피어는 중년들에게 학생으로 계속 남아있을 것을 강조하며 배움을 포기하는 순간 우리가 폭삭 늙기 시작한다고 말한다. 우리는 가끔 다 배웠다고 생각할 때가 있다. 하지만 배움에는 끝이 없다고 했다. 아직 학생이라고 생각하고 새로운 것을 배워보자.

바꿀 수 없는 것은 결코 바뀌지 않는다

생의 진리에 통달한 사람은
우리 생이 미치지 못하는 것을 위해 힘쓰지 않고,
운명의 진리를 깨달은 사람은
인지가 미치지 못하는 것을 위해 힘쓰지 아니한다.
– 장자

유전자가 성격에 크게 영향을 준다는 사실은 일란성 쌍둥이와 이란성 쌍둥이의 성격 비교 실험에서 확실하게 밝혀졌다. 쌍둥이는 둘 다 같은 유전자를 갖고 태어나지만, 일란성 쌍둥이가 성격상 공통점이 많다.

부모의 육아 방법과 양육 태도, 교육 수준과 경제 상태, 인간관계와 가정환경이 아이의 성격 형성에 큰 영향을 준다. 그래서 어릴 적 가정환경이 어떤가에 따라서 훗날 성인이 되어서 크게 드러나기 때문에 성장 과정이 아주 중요하다.

성장이 원만하고 평범할수록 성인이 되어서도 사회생활도 원만하게 잘해나간다. 화목한 가정환경에서 성장한 사람은 부정적인 마음가짐보다는 매사 긍정적인 마음가짐으로 살아가려고 노력하며 인간관계 역시 원만할 확률이 높다.

늑대에게 양육되었던 두 자매가 있다. '늑대 어린이'로 알려진 인도 뱅골 출신의 아주 유명한 '아말라와 카말라 자매'다. 두 자매 이야기로 유아 시절의 환경이 성격을 만드는 데 큰 요인이 되고, 사람은 태어나는 것이 아니라 만들어지는 존재라는 것을 보여준다.

사람의 성격 형성은 천성적으로 부모의 영향이 가장 크다. 하지만, 성장하면서 자라난 환경에 의해 영향을 받기도 한다. 성격 형성에 관한 연구는 끝이 없을 듯하다. 각자 처한 환경에서 시작되는 삶의 방향이 다르기 때문이라고 생각한다.

어느 연구에서 대학생을 대상으로 어린 시절의 에피소드를 기억하게 해서 감정별로 분류했다. 결과를 보면, 비율이 '즐거운 기억 5, 괴로운 기억 3, 어느 쪽도 아닌 기억 2'가 나왔다. 평소에 불안 심리가 강할수록 즐거운 기억보다는 괴로운 기억을 떠올리는 경향이 있다. 특히, 우울증에 걸린 사람일수록 즐거웠던 에피소드를 잘 기억해내지 못한다.

2012년 영화 <늑대소년>은 마음으로 응원하던 배우들이 출연한 작품이다. '늑대 소녀'의 실화를 보니 문득 생각이 나서 넷플릭스로 다시 봤다. 상영 시기에 영화관을 찾아 확장판(감독판)까지 관람했던 작품인데 오랜만에 다시 보니 새롭다. 영화를 검색해보니 벌써 '강산이 변했다'라는 세월이라는 것이 믿기지 않는다. 배경이 다소 촌스럽기도 하고 이웃끼리 참 정겹기도 하다. '옆집 숟가락이 몇 개'인지도 다 알아야 직성이 풀리는 시골이다.

삶에 찌들어 지쳐가는 어느 소녀와 갈 길을 잃은 '반인반수'인 늑대와의 교감은 말로 일일이 설명할 수 없는 묘한 기류가 있다. 인간이 사회적인 동물이기 때문일까. 억지스럽게 느껴지는 작품이라는 생각이 들면서도 공감이 되는 것을 보면 말이다.

영화 중 '순이와 철수'는 현재에도 활발하고, 배우는 여전히 인기가 있다. 10년이 지난 지금까지도 탄탄하게 자신의 위치를 지켜내는 배우들을 존중하고 응원한다. 평범한 일반 사람들보다도 높이 사는 이유는, 장문의 대사를 완벽하게 달달 외워야 하는 노력과 끈기, 배우들과의 합 등의 피땀 눈물도 있어야 하지만, 기본적으로 성실하지 않으면 살아남기가 힘든 직업이기 때문이다.

사람은 한 번 실패하면 다음에 또 실패할지 모른다는 기분이 생긴다. 누구에게나 일어나는 현상 중의 하나다. 그래서 좌절하지 않고 다시 도전하는 사람은 결정적인 파국이나 비극적인 결말을 예상한다. 그런데도 어떻게든 회피하려고 깊이 생각하고 또 깊이 생각한다.

성공이나 실패를 판단하는 자신이 성공이라고 생각할 수 있는 부분이 성공이고, 자신 스스로 실패라고 생각되는 부분이 실패일 수 있다. 100점이 성공의 기준이라고 한다면, 90점을 받고도 실패라고 생각하는 사람은 실패일 수 있고, 90점이 성공의 기준이라고 생각한다면 100점은 '완벽한 성공'이라고 생각하게 된다.

나도 노안이 시작되었다. 인공눈물이 없으면 눈이 쉬이 피로하고 건조하다. '안구건조증'이다. 눈에 수분이 없으면 장시간 콘택트렌즈를 착용하고 있기가 불편하다. 그래서 안경집이 외출 필수품이 되었다.

작은 글씨가 읽기 불편할 때도 있어서 약간 큰 글자로 된 책에 자연스럽게 눈이 가기도 한다. 그렇지만 이젠 어떤 상황에서든 쉽게 포기하고 싶지 않다. 나이가 들면 각오와 열정만으로 어떤 일이든 도전하기가 쉽지는 않다는 것은 분명하다. 그래도 지금껏 살아낸 시간이 있으니 앞으로 살아갈 시간들도 충분히 견뎌낼 수 있다.

고민은 누적될수록 걱정이 된다. 세계적인 베스트셀러를 써온 지그 지글러는 동기부여, 꿈의 실현 등에 대해 주로 이야기한다. 그는 '성공을 위해서는 걱정을 버리고, 그 에너지를 자기 발전을 위해 사용하라'라고 말한다. 걱정은 우리 인생에 도움이 되지 않고 불필요한 에너지를 소비하기 때문이다. 지그 지글러는 '걱정하는 데 쏟는 열정을 하는 일에 쏟는다면 분명히 성공할 것이다'라고 한다.

헬렌 켈러는 '모든 것들에는 나름의 경이로움과 심지어 어둠과 침묵이 있고, 내가 어떤 상태에 있더라도 나는 그 속에서 만족하는 법을 배운다'라고 말했다.

작가의 인생으로 살아보기

명문들은 거의 다 형편없는 초고로부터 시작된다.

– 앤 라모트

나는 유난히 어릴 적부터 어린이 명작동화를 좋아했다. 명랑만화와 추리소설도 좋아했다. 동생들과 함께 만화방을 내 방 드나들 듯 가게가 닳도록 몰려다니곤 했다. 베스트셀러 작가가 되고 싶은 이유는 그때 그 다소 촌스러운 소녀의 꿈을 실현하고 싶어서다. 1980년대였던 초등학교 시절 대부분은, 엄마가 일주일이 멀다 하고 빌려다 주셨던 비디오테이프를 보고, 명작동화를 읽으며 보냈다. 특히, 삼남매가 홍콩영화의 강시를 엄청 좋아했다. 그래서 늘 TV 앞으로 모이곤 했었다.

우리 집은 여섯 살 때부터인가 컬러 TV가 있었다. 동네에서 가게를 하시는 아주머니들이 삼삼오오 모여 환하게 웃으며 각자의 집에서 삶아오신 감자와 옥수수를 나눠 드셨다. 할머니와 함께 울고 웃는 드라마를 종종 시청했던 거로 기억한다. 그 영향인지 지금도 난 결과가 예상되는 드라마와 영화보다는 무언가 마음껏 추리할 수 있는 장르를 선호하고, '좀비'를 좋아한다.

중년부터는 갱년기의 영향인지 감성 멜로드라마에 눈물 콧물 짜며 대리만족하기 쉽다. 스토리의 흐름을 보며 배우들의 연기에 맞장구를 치기도 한다. 그런데 난 언제나 신선하고 흥미진진한 스토리를 찾게 된다. 언제인가부터는 짐작이 가능한 뻔한 스토리는 그다지 선호하지 않게 되었다.

모르는 사람들이 보면, 나는 지방에서는 꽤 괜찮은 부잣집 여자다. 팔자 좋게 아주 잘 산다. 주말부부로 살다 보면, 예상하지 못한 일들이 쉬이 발생한다. 집안 경조사부터 기일을 챙겨야 하는 것들도 해당한다. 결혼 자체가 오롯이 나 혼자만의 삶을 살 수 없다. 결혼은 집안과 집안의 결합이라고 하지 않던가. 남녀가 서로 만나 사랑하고 한 보금자리에 사는 것만이 결혼은 아니다. 그래서 가치관과 사고방식이 맞고 대화가 잘 통해야 한다. 한 사람의 인생은 사람에 의해 결정된다고 해도 과언이 아니다. 인생에서의 몇 가지 불행을 꼽는다면, 그중 하나가 사랑하지 않는 사람과 사는 것이라고 했다.

어느 한 사람에 의해 세상에 태어나 나를 닮은 아이 하나씩은 남겨 놓고 떠나는 것이 인생의 이치다. 요즘은 결혼문화가 많이 바뀌어서 비혼도 있다. 1~2번 다녀온 사람들도 적잖게 볼 수 있다. 선택에 의한 인생으로 하루하루 괴롭게 살아가는 방향을 선택할 수밖에 없는 사람도 있을 것이다. 옛날 분들은 어떻게 참고 견디며 살아냈을까. 지금보다는 비교적 많이 가난했고 정서적으로도 힘들었을 것이다. 여러모로 분명 어려운 삶이었을 것이다. 결혼이라는 제도는 정말 어려운 과제다.

베스트셀러 작가가 되는 것이 유일한 꿈이었던 시절이 있었다. 나는 사춘기 때 독서는 좋아했지만, 공부에는 크게 관심이 없었다. 친구 중에는 "가시나. 너 일부러 아무렇게나 한 번호만 찍는 거 아니냐?"라며 의심하는 아이도 있었다. 우리 때는 사지선다형이었다. 한 번호로만 찍어도 4분의 일의 확률이 아닌가. 친구의 말에 '나도 그랬으면 좋았겠네'라고 생각했다. 미련한 것인지 멍청한 것인지 공부에는 센스가 없는 것인지는 나도 잘 모르겠다.

나의 학창 시절은 주입식 교육이었다. 대부분의 수업에는 쪽지시험이 있었다. 월말고사와 중간고사 기말고사가 있었다. 우리 때는 토요일에도 학교에 갔다. 옆 친구와 시험지를 바꿔서 채점하는 것은 기본이었다. 허구한 날 깜지 쓰는 숙제도 넌덜머리가 났다. 중고등학교 때

50부터 시작하는 공부의 즐거움

연습장에 암기 과목을 빼곡하게 쓰고, 또 쓰고, 겹쳐서 쓰다 보면, 금세 까만 종이가 된다. 그게 '깜지'였다. 쓰면서 외우면 확실히 잘 외워지기는 한다.

고등학교 때는 학년 반 등수를 올리고야 말겠다는 담임선생님의 엄격한 지도가 있었다. 우리 반이 학년 전체에서 꼴찌였거나 뒤에서 두 번째를 달렸던 것으로 기억한다. 숙제로 영어 단어를 암기해서 거의 매일 쪽지시험을 본 것 같다. 우리는 한 문제를 틀리면 옆 짝꿍이 대신 매를 맞았다. 완전 스파르타식 아닌가.

그 시절에는 대부분 선생님을 원망과 존경의 시선으로 바라봤다. 이유가 없어도 단체 기합받기 일쑤였고, 훈육이었겠지만 사정없이 내리치는 매를 학생들은 무서워했다. 연속 1~2달 그랬던 것 같다. 담임선생님은 반강제로 아이들의 평균 점수를 향상시켰고, 결국 학년 1등을 거머쥐었다. 그리고 그 1등은 오래 가지 못했다.

학창 시절에는 학생들의 능력과 조건이 대동소이하다. 새 학년이 시작되는 봄이었다. 학교에서 지역 단체 글짓기 대회가 있었다. 학년별로 잔디밭과 운동장에 모여 앉았다. 우리에게 주어진 시간은 2시간쯤이었다. 나는 소녀 감성을 앞세워 잘 굴러가지 않은 머리를 쥐어짜 단편소설 독후감을 써냈다. 다 쓴 후에 글이 만족스럽지는 않았지만, 그냥 술술 잘 읽혔을 때 제출했다. 그저 전교생 행사쯤으로 생각했다. 그리고 까맣게 잊어버렸다.

한 달쯤 지난 후에 수필과 단편소설, 시 부문으로 나눈 결과 발표가 있었다. 내 흐릿한 기억으로는 1,400여 명이 도전했다. 나는 단편소설 부문 2위였다. 신기했다. 방송으로 결과 발표를 듣고 무언가 뿌듯함과 희열이 교차했다.

돌이켜보면, 나는 꿈이 없었다. 그때는 그냥 학교생활만도 힘들었다. 의무적으로 했던 야간 자율학습 시간까지 버거웠다. 선생님의 표정은 만감이 교차하고 있었다. 나는 선생님의 눈에 공부에는 그다지 관심도 없는 그저 그런 평범한 아이였다. 상을 타서 기쁘기도 했지만, 자존심이 상했었다. '아, 나도 할 수 있구나!' 그때 처음으로 자신감이 생겼다. 그리고 막연하게 작가가 되고 싶다는 생각을 처음 했던 순간이었다.

한 가지 목표를 정해서 계획적으로 나아가기 시작하는 순간, 변화의 출발점이 된다. 목표는 동기를 촉진하고 정한 목표에 따라 움직일지 말지를 고민하게 된다. 목표는 인내심을 길러주고 창의력을 자극한다.

목표가 확실하다면 할 수 있다는 자신감이 생겨서 긍정적인 마음가짐을 가질 수 있다. 목표는 삶의 지혜와 길을 열어주며 미래를 바라보는 시각이 달라지기도 한다. 살아가면서 먼 미래를 위해 목표를 정하고, 그 목표를 향해 달려가는 것이 인생의 본질이다. 정해진 목표를 세밀하게 분석하고 각각의 계획을 효율적으로 실천해 나가는 것이 중요하다.

큰 목표일수록 작게 나눠서 분석해보는 것이 효과적이다. 목표를 이룬다면 성취감도 있지만, 목표를 향해 나아가는 과정도 중요하다. 요즘 세상은 과정보다는 결과물을 더 중요하게 여긴다. 과정은 나 혼자서 겪고 혼자서만 알게 되는 기간이지만, 결과물은 어느 누가 보더라도 바로 알게 되는 것이기 때문이다.

베스트셀러 작가는 자신의 노력만으로 되는 것이 아니다. 물론 기본적으로 필력은 있어야 한다. 작가는 타고나는 것이 아니라 만들어진다고 본다. 책 홍보 또한 중요한 부분이다. 남녀노소 누구나 읽어도 술술 잘 읽혀야 하는 것은 기본이다. 그리고 어느 정도 운도 따라야 한다. 내 이름으로 된 책 한 권이 나를 만들고, 운에 따라 성공을 부른다. 운도 실력이다. 내가 쓴 책이 베스트셀러가 되면 충분히 스테디셀러도 만들 수 있다. 누구나 야망은 필요하다.

특히, 여자는 하나의 선택지에 완전히 갇혀있을 수도 있다. 잘못된 선택을 하면 어쩌나 심각하게 고민하기도 한다. 결혼했다고 해서 그 결혼생활만 하고 있으면, 나라는 존재는 어디에도 없다. 만약 육아로 외출이 힘들고 어렵다면, 아이가 자는 시간에 조금씩 재택근무하듯 나만을 위한, 내 인생을 위한 책을 한 권 써보자. 그러면서 나를 이해하자.

이제 오롯이 나를 위해 살아라

당신의 노력을 존중하세요. 당신 자신을 존중하세요.
자존감은 자제력을 낳습니다.
이 둘을 모두 겸비하면 진정한 힘을 갖게 됩니다.
– 클린트 이스트우드

열심히 노력하며 살아가고 있는 이 시대의 중년에게 감히 묻고 싶
다. '가족 이외에 나 자신을 위해 도전했던 적이 있었는지, 그 도전의
결과를 봤는지, 목숨을 것을 정도로 절실하게 하고 싶었던 것이 있었
는지'를 말이다.

나는 돌이켜보면 목숨 것을 정도로 무언가에 도전해본 적은 없었
다. 항상 가족이 마음에 걸렸고, 항상 보살피는 삶을 살았기에 가족
이 최우선이었다. 다른 중년에게 물어봐도 무조건 가족이 최우선이
라고 말한다. 가족이 행복해야 내가 행복하기 때문이다. 그래서 이기
적인 삶은 살 수가 없는 것이 결혼이라고 생각한다. 사람의 인생에서

절반 이상의 인생이 바로 결혼생활이다. 결국, 결혼은 나 혼자만의 삶이란 없다.

　50대부터는 '조금은 더 가치 있는 삶'으로 살아보자. 50대는 기억해야 할 일도 많아지고, 추억을 먹고 사는 세대의 시작이기도 하다. 이제라도 하루를 살더라도 의미 있게 살았으면 한다. 독자 중에는 이미 50대를 지나 60대에 들어선 분도 있을 것이다. 우리는 '오늘이 가장 젊은 날'이다. 어떤 도전을 하려고 함에 있어 실현 불가능한 일만 아니라면 과감히 시도해보자. '오늘'이 아니면 '안 하고 못 해서' 어쩌면 계속 후회하게 될지도 모르는 것이 인생 아닌가. 그리고 이제는 내일 당장 어떻게 죽어도 이상하지는 않을 나이다.
　'나 자신'을 위해 목숨을 한 번 걸어볼 정도로 도전을 시작해보자. 목숨을 건다고 해서 진짜 죽지는 않을 테니 말이다. 최소한의 시도도 해보지도 않고 계속 후회만 할 것인가. 해보지도 않고 못 해봐서 후회한다면, 바보나 다름없을 것이다.

　길에서 낯선 사람과 스치듯 지나칠 때가 흔하다. 서로 모르는 사이니 당연히 그냥 스쳐 간다고만 생각한다. 우연히 눈을 마주치더라도 그냥 그런가 보다 하고 내 갈 길만 바삐 가도 전혀 어색하지가 않다. 전혀 모르는 낯선 사람에게서는 개인적인 인정을 받을 일이 없다.

자신이 조금이라도 알고 있는 상대에게 인정받는 사람이 되려면, 인정받을 수 있는 위치까지 올라서야 한다. 사람은 때로는 말보다는 행동, 행동보다는 눈빛을 더 신뢰하기도 한다.

　자신이 아는 상대방과 우연히 눈이 마주쳤다고 하자. 먼저 눈인사를 했는데 상대방에게서 별다른 인사가 없거나 자연스럽게 눈을 돌려버린다면, 당신은 그 사람에게 인정받지 못하는 것이다. 자존심 상할 일 아닌가.

　상대에게 신뢰를 받을 수 있는 사람이 되려면, 실력의 인정도 중요하지만, 사람 자체가 믿음이 가야 한다. 나는 거창한 말보다는 그 사람의 행동을 더 중요시한다. 이 신뢰는 인간관계의 토대다. 인사말이나 눈인사를 건넸는데 같은 반응을 기대하게 되는 것은 인지상정이다. 상대가 그저 단순하게 고개만 까딱거리거나 무반응이거나 시선 회피라면, 무시를 당했다는 느낌이 들 것이다. 그리고 다음에 다시 마주치면 나도 똑같이 해줄 것이라며 이를 악물게 될지도 모른다.

　하지만 이미 그 상대는 당신을 인정하지 않는다. 그래서 흔한 눈인사도 당신과 마주할 상황 자체를 만들지 않는다. 상대방의 행동에 자존심이 상해서 기분 나쁠 시간에 나를 위한 자존감부터 키우자. 상대방에게 존중받는 사람이 되기란 쉬운 일은 아니다.

'신뢰'는 상대방이 나를 믿고 존중한다는 뜻이다. 하지만 알고 보면 해석은 천차만별이다. 개개인과의 대화에서는 상대방이 나를 인정하고 진실로 받아들임으로써 진실로 대하고 진실을 말할 것이라는 뜻이다.

신뢰가 가는 사람은 누구에게든 기꺼이 소개하고 싶고, 무엇이든 함께할 수 있는 자리에 동반하고 싶기 마련이다. 신뢰가 가는 사람이 있을수록 자신도 신뢰가 있는 사람일 것이다. 신뢰 있는 사람이 믿음이 안 가는 사람을 가까이할 일은 없을 테니 말이다.

상대방에게 신뢰 있는 사람이 되기 위해서는 서로 조금씩 자신을 드러내는 연습이 필요하다. 어떤 사람과 평생을 함께하고 싶다거나 곁에서 지인으로 오랜 기간을 함께 잘 지내고 싶다면, 서로 간에 있어 신뢰 형성은 필수다.

지금부터는 '내 삶의 리더'가 되어보는 것은 어떨까? 100세 시대에 맞게 미리 노후 대비를 위해서라도 나 자신을 위한 '인생 기업'을 하나 세워서 튼튼히 자리를 잡아 나아가기 시작해야 할 세대가 50대다. '캥거루 교육'에서 대부분 완전하게 벗어나는 시기라고 본다. 늦둥이가 있거나 혹여 이른 결혼으로 이미 할머니가 되어서 손주를 돌봐야 하는 상황이 아니라면, 더 이상의 이유는 무의미하다고 생각한다.

요즘 누군가와 자주 만나서 수다를 떤다거나, 심심하다는 이유로 불필요한 약속을 한다거나, 스마트폰을 보는 시간이 많다면, 주저 없이 하고 싶었던 분야에 시간 투자를 했으면 좋겠다. 내일, 오늘을 후회하지 않기 위해서라도 나 자신을 위한 성장은 꼭 필요하다.

중년인 우리의 과거 학창 시절을 생각해보자. 시험이 있기 전날에 급히 영어 단어를 암기하고 수학 문제를 풀며 문제집을 뒤적이면서 밤늦게까지 공부하는 것을 '벼락치기'라고 한다. 현재도 그렇겠지만, 누구나 중고등학생 때는 벼락치기 공부로 시험 1~2문제 더 맞히고 좋아했던 기억이 있을 것이다.

우선 꼼꼼하게 체크하고 기억해야 할 과목이 있다면, 열심히 공부한 후 곧바로 자 버리는 것이 좋다. 그리고 다음 날 일찍 깨서 한 번 더 훑어보는 것보다는, 시험 직전에 빠르게 다시 한 번 보는 것이 효과적이다. 시험에 나올만한 적중문제를 잊어버리기 전에 다른 자극이 들어오면 정확히 재생되기가 어려운 이유다.

'젠키스'와 '달렌 바크라'라는 두 심리학자의 실험이 있다. 실험에 의하면, 자는 동안 처음 2시간 정도는 잠들기 직전에 외운 것을 꽤 잊고 있지만, 그 뒤에는 기억이 잘 되어서 8시간이 지나도 약 절반은 남아있다. 그렇지만 잠이 깬 채로 있으면 8시간 사이에 거의 잊혀 10% 정도밖에 남아 있지 않다. '역행억제 이론'을 실증한 한 예라고 볼 수 있겠다. 그래서 잊어버리지 않기 위한 '무한 반복'은 특히 중년이 해나가야 할 과제다.

미국 해군 원자력 잠수함의 개발자인 하이먼 리코버는 우리에게 이렇게 말했다. '좋은 아이디어가 저절로 채택되지는 않는다. 용기 있게 인내심을 갖고 밀어붙여 실행되도록 해야만 한다.' 리코버의 명언은 자신감과 용기 그리고 도전이라고 생각한다.

무엇을 하든 기본적으로 자신감은 필수다. 자신 있게 자신을 존중하는 마음과 나를 사랑하는 마음에서부터 하나씩 차근차근 시작해보는 것이 좋다. 가족을 생각하는 마음으로 지금부터는 나 자신부터 아끼고 사랑하고 존중해보자. 그러다 보면, 나도 모르게 세상을 바라보는 시각과 고집해왔던 사고방식이 점점 바뀌게 될 것이다. 자신감은 곧 자존감으로 이어진다.

다시 시작한다는 마음으로
인생을 설계하자

행복한 삶의 비밀은 올바른 관계를 형성하고
그것에 올바른 가치를 매기는 것이다.
– 노먼 토머스

어느새 봄이다. 나는 지금까지 해오던 것들과 다르게 과거에 했던 일을 다시 시작해보려고 한다. 이제는 나이도 적지 않고 오래전에 했던 일은 기억 휘발이라 걱정이다. 경력단절이라 당연히 쉽지는 않겠지만, 어디에서든 채용해준다면 내가 하는 일은 마음먹기에 달렸다. 그리고 자기계발로 꾸준한 노력이 필요하다는 것을 깨닫고 있다.

예전에는 학원 쪽으로 거주지와의 거리, 학원 분위기, 급여 등을 고려했다면, 이제는 많은 부분을 내려놓고 장기간 일할 수 있는 곳을 우선으로 찾아보려고 한다. 매월 고정적인 지출과 최소한의 생활은 필요하다. 다른 것도 중요하지만, 아무래도 수입은 더 신경을 써야 하는 부분이라는 것을 인정할 수밖에 없다.

소위 '전문직'이 아닌 이상, 중년의 주부가 일할 수 있는 곳은 아무래도 한정적이다. 예를 들어 어느 중년이 빌딩 청소를 한다고 하자. 빌딩 청소를 하는 청소전문업체는 직원들이 2~3달 일하고 일을 그만두기가 일쑤여서 직원 채용에 크게 애먹고 있었다.

직원의 대다수는 불혹의 나이를 넘긴 중년의 주부들이었다. 그 주부들은 "이런 더러운 일을 안 하고도 평생 먹고 살 수 있다면 당장 그만두겠다"라는 말을 입버릇처럼 달고 살았다. 그래서 가족이나 집안일을 핑계로 결국 그만둔다. 다음에 새 일자리를 구한다고 해도 더 좋은 일을 구한다는 보장도 없지만, 당장은 더러운 일은 안 하고 싶다는 마음이 큰 이유일 것이다. 그래서 회사는 고민 끝에 교복 같은 단체복을 제작해서 하얀 장갑과 함께 제공했다. 주부들에게 청소가 더러운 일이 아니며, 회사의 위생과 청결한 환경을 위해서는 꼭 필요한 직업이라는 것을 체감하게 한 것이다. 이 결과로 퇴직률이 절반으로 줄었다.

그룹이나 개인이 계속 일을 할 수 있게 하는 것은 그 일에 대한 자부심이다. 깨끗하게 풀을 먹인 듯한 환경복과 새하얀 장갑은 청소 일에 자부심을 심어주고 주부들의 자존심을 세워줬다. 이렇게 일에 대한 의욕을 높여준 것은 참 대단한 일이다.

미국의 심리학자 켈리 박사는 벽돌에 아름다운 조각을 새겨넣는 사람들을 상대로 한 가지 조사를 했다. 수많은 실험 대상자들은 전부 똑같은 일을 하지만, 일부에게만 "당신의 일은 특히 더 중요하고 가치가 있다"라고 말했다. 그리고 나머지 대상자들에게는 다른 일이 자신들의 일보다 훨씬 더 가치가 있다는 인상을 주었다. 자신들의 일이 저급하다는 인상을 받은 대상자들은 약 3배나 많은 불만을 나타내고, 일과는 전혀 상관없는 이야기를 화제로 삼았다. 작업 능률이 현저히 떨어진 것이다.

나는 아직 그 어떤 것이든 현재진행형이다. 남들처럼 이렇다 할 사례가 거의 없어서 방대한 분량의 원고를 써내는 것이 쉽지가 않다. 갑작스럽게 계획에 없던 책을 출간하게 되었지만, 더 이상 고민하거나 망설이고 싶지 않아서 진행했다. 제대로 삶을 채워야 하는 심리적인 압박감과 이제 대학생 딸과 함께하는 서울에서의 적응, 그리고 조금씩 다시 시작한 일과 눈만 뜨면 보이는 집안일에 치인다는 생각을 떨쳐버리기가 힘들었다.

나는 지금도 항상 가족의 안전이 최우선이다. 이 생각은 앞으로도 변함이 없을 것이다. 가족의 안전과 평안은 우리 부모님과 남동생들까지 포함된다. 얼마 전에 집안 행사가 있어서 집에 다녀왔다. 한 달 만에 얼굴을 본 여전히 무뚝뚝한 대학생 아들 녀석에게 내가 해줄 수 있는 것은 옆에서 계속 이야기하며 식사를 챙겨주고 용돈을 쥐여주는 것뿐이었다. 언제 이렇게 자랐나 싶어 만감이 교차했던 주말이었다.

자신 스스로 변화하고자 한다면, 오래된 습관을 조금씩 바꾸기 위해서라도 다이어리에 메모하는 방법이 좋다. 매일 하루 1시간마다 무엇을 했는지, 어떤 습관이 있는지를 적어보는 것만큼 자신을 되돌아보는 방법도 드물다. 하루하루를 반성하고 메타인지가 높아지면, 앞으로의 전략을 짤 수 있다.

일주일 정도만 적어보면, 나의 하루 일상과 하루 할 일의 실천 목록, 그리고 반성해야 할 일, 불필요한 일이 추려진다. 30일쯤 다이어리에 빼곡하게 적어보면, 중요한 일을 잊어버릴 일도 없고, 정말 나 자신을 다시금 되돌아볼 수 있다.

나는 최근 조금씩 다시 시작하고 있는 일과 원고 쓰기, 재학 중인 학교 강의 듣기, 집안일을 쉼 없이 하다가 2주 만에 쉬던 주말 아침에 긴장이 풀렸는지 컨디션이 좋지 않았다. 평소에 감기도 잘 안 걸리는 강철 체력이라 자부했다. 그런데 주 중에 밤 11시가 다 되어서 귀가해야 하는 일이 무리였는지, 그냥 이것저것 하는 것이 많아서 힘들었는지 몸에 무리가 오기 시작했다. 다행스럽게도 열은 없었다. 쉬고 있는데 대학생 딸이 편의점에서 자가진단키트를 사 왔다. 2회 해 봤는데 한 번은 파란색, 한 번은 빨간색 두 줄이 선명했다.

나는 그렇게 현재 하루에도 수십만 명씩 쏟아지는 확진자가 되었다. 항상 마스크를 잘 착용하고 다녀서 다소 방심했었다. 확진이 주말이라서 그나마 다행이었다. 일요일 밤까지 열은 없었지만 가벼운 감기몸살 증상은 있었다. 대학생 딸은 다행스럽게도 음성이었다.

다음날 월요일 일찍 근처 내과를 찾아 신속항원검사를 접수했다. 대기번호 8번이었는데 1번부터 신속항원검사를 받으러 온 사람들은 50대 주부였다. 일가족도 두 가정이 있었는데 영유아가 있는 집은 '역병'이 더 힘들 것 같았다. 아이들도 일회용 장갑을 착용하고 대기 순서를 기다리고 있었는데 보고 있자니 안쓰러웠다.

나는 허술하기 짝이 없는 이 책이 한국에서 영향력 있는 사람들에 비하면 정말 아무것도 아닌 글이라는 것을 아주 잘 알고 있다. 편식 독서를 일삼은 증거기도 하고, 대한민국 남녀노소 누구나 읽어도 막힘 없이 술술 잘 읽히는 책을 쓰고 싶었다. 그래서 최대한 내려놓고 가볍게 쓰려고 애썼다.

원고를 쓰면 쓸수록 '내가 과연 이 원고를 다 완성할 수 있을까?' 생각했는데 이제 '드디어!' 라는 환호와 뿌듯함과 성취감이 내 안에 스멀스멀 올라오고 있음을 느낀다. 그리고 무언가 훨씬 더 많은 것을 채워가며 계속 성장할 수 있을 것 같은 자신감도 생긴다. 아직도 무엇을 해야 할지 망설이고만 있는 중년에게 말하고 싶다.

　"우리는 이제 겨우 인생의 절반을 살아냈잖아요?"

50부터 시작하는 공부의 즐거움

50부터 시작하는 공부의 즐거움

제 1 판 1 쇄 | 2022 년 5월 25일

지은이 | 박지영
펴낸이 | 오형규
펴낸곳 | 한국경제신문 *i*
기획 · 제작 | ㈜두드림미디어
책임편집 | 이수미
디자인 | 정재은

주소 | 서울특별시 중구 청파로 463
기획출판팀 | 02-333-3577
E-mail | dodreamedia@naver.com(원고 투고 및 출판 관련 문의)
등록 | 제 2-315(1967. 5. 15)

ISBN 978-89-475-4825-0 (03320)

**책 내용에 관한 궁금증은 표지 앞날개에 있는 저자의 이메일이나
저자의 각종 SNS 연락처로 문의해주시길 바랍니다.**

책값은 뒤표지에 있습니다 .
잘못 만들어진 책은 구입처에서 바꿔드립니다 .